這原坊

阅读的态度

阎崇年　陈彦　樊登◎等著

河北出版传媒集团
河北教育出版社

图书在版编目（CIP）数据

远集坊．阅读的态度 / 阎崇年等著．-- 石家庄：河北教育出版社，2020.11
ISBN 978-7-5545-4894-3

Ⅰ．①远… Ⅱ．①阎… Ⅲ．①中华文化－文集 Ⅳ．①K203-53

中国版本图书馆CIP数据核字（2020）第221600号

书　　名　**远集坊　阅读的态度**
作　　者　阎崇年　陈　彦　樊　登　等
责任编辑　汪雅瑛　刘亚飞　陈　娟
装帧设计　李关栋　脱琳琳

出　　版　河北出版传媒集团
河北教育出版社 http://www.hbep.com
（石家庄市联盟路705号，050061）
制　　作　翰墨文化艺术设计有限公司
印　　制　石家庄联创博美印刷有限公司
开　　本　787mm×1092mm　1/16
印　　张　17
字　　数　260千字
版　　次　2020年11月第1版
印　　次　2020年11月第1次印刷
书　　号　ISBN 978-7-5545-4894-3
定　　价　69.00元

前记

先回顾一下远集坊成立的初衷。

“远集”出自大诗人屈原《离骚》中的两句：“欲远集而无所止兮，聊浮游以逍遥。”

由于它坐落在北京朝阳区南磨房乡，故取其“房”的谐音，称其为“远集坊”。

远集坊虽小，但立志高远。创立三年来，在社会各界，特别是在文化领域知名人士与传媒平台的鼎力支持下，逐渐形成了荟萃卓越思想智慧，有效传播社会正能量的文化平台。

《远集坊》第二辑收入了2019年3月至2019年11月九期文化讲座中，58位主讲嘉宾与特邀嘉宾的演讲与精彩互动发言。

他们之中有堪称书画鉴定界国宝的陈岩老先生，您读了他的演讲，或读过他的大作《丹青往事》，便知评价不虚。

书法是中华文化中特有的艺术瑰宝，拥有十分庞大的爱好者群体，但当下对于书法的评价却是仁者见仁，智者见智，甚至是莫衷一是。《论语》曰：“君子和而不同，小人同而不和。”讨论这个问题，坦诚地讲述自己的观点，是非常有意义的。在“书法的魅力”讲座中，我们邀请了书法家杨再春先生、书法家张继、作曲家王立平、学者王守常、书法家并评论家黄君与林阳六位先生，阐述了他们对书法的观点和看法。如果您是书法爱好者，或者您是关注这个领域问题的读者，定有大收获。

其余七次讲座的演讲嘉宾，包括阎崇年、白岩松、唐家三少、魏玉山、陈一丹、朱永新、杜镇杰、宋书玉、张良、陈彦、葛柯、樊登和王斌先生，他们每一位在各自的领域中，既具有过人的思想智慧，还拥有良好的口碑和

不凡的业绩。

习近平总书记指出，中华文化积淀着中华民族最深沉的精神追求，是中华民族生生不息、发展壮大的丰厚滋养。他还指出，讲清楚中华优秀传统文化是中华民族的突出优势，是我们最深厚的文化软实力。这就要求我们要深入挖掘和阐发中华优秀传统文化的时代价值，使中华优秀传统文化成为涵养社会主义核心价值观的重要源泉。

本书收入的九期远集坊文化讲座，努力践行习近平总书记关于文化的思想与指示，力求挖掘最优秀的思想文化内容，弘扬社会主义核心价值观，最大限度地传播正能量，实现文化的社会价值。

这九期讲座的内容不尽相同，但都与文化紧密相关，并且紧扣社会关注的文化议题。演讲者所关注的领域，阐述的内容与观点，演讲的视角各不相同。讲座指导思想与目标一致，然而表达的多领域、多视角，恰恰是卓然不群的，每位嘉宾都构成了一道具有独特风格的文化风景。

这九期讲座，通过多家新媒体平台进行现场直播。每期讲座不包括回看，仅现场收视者平均达到 50 万人。在已有基础上，又实现了新的提升。

概括起来有以下三点：

第一，坚持正确的导向和公益性的原则；

第二，邀请在文化领域和与文化紧密相关领域中最卓越的演讲者；

第三，通过传统媒体和新媒体，特别是新媒体平台实时传播，实现了小讲座、大传播。

2020 年是非常不平凡的一年，我们经历了新冠病毒的疫情以及许多许多，在疫情最严重的期间，河北教育出版社董素山社长安排了最优秀的编辑人员，对讲稿进行整理和编辑加工，呈现在读者面前的这部书稿，也凝结着出版社和编辑人员的辛勤与智慧。

谨以此为《远集坊》第二辑之前记。

目　录

逍遥坊

书画鉴定趣谈

第一讲

主讲嘉宾

陈　岩

主持嘉宾

阎晓宏

特邀嘉宾

孙寿山　施仁德　王亚民　周旭君　杨再春　刘　广

彭兴业　万　捷　王昌燧　雷文琳　黄　君　文　蔚

杨长存　张自成　王　强　张凌云　米国宝　王　旗

陈高潮　林子英　李长春　刘　阳　苏滕博

书画鉴定趣谈

陈岩 （著名书画鉴定专家、画家、作家）

刚才阎晓宏理事长在开场致辞中介绍我是宝古斋经理，那是多年前的事儿了，我现在都快 80 岁了。

今天请我来，主要让我讲讲书画方面的故事，顺便讲讲文脉。

我首先介绍一下我的经历：

1962 年我高中毕业，因那时我国刚度过三年困难时期，很多大学不招生，我就被分配到文化局下属的文物商店。在新中国成立初期，大家通常都把文物叫作文玩、古董，很少称文物。在我参加工作的 1962 年，国家把新中国前后经营古玩店的从业人员，以公私合营的形式组成了北京市文物商店，这些店铺大都集中在和平门外琉璃厂一带，店主都是文物鉴定高手，但都是私方人员，分有陶瓷、书画、碑帖、青铜器等专业。

1962 年文化局招我们来，一共有 5 名应届高中毕业生，这是新中国成立以后咱们国家招收的第一批从事文物的学员。

招我们来做什么呢？主要任务就是跟这些古董商人学鉴定古玩的本

领，把鉴定的本事学到手继承下来。这些小业主、古玩商，在长期的经营中练就了一双双火眼金睛，那些书画古玩看一眼就知真假，像故宫的文物鉴定专家耿宝昌老先生、刘久厂老先生等都出身琉璃厂古玩铺。

我们国家经过一百多年的战乱，很多极珍贵的文物都散失在社会中，有的知道去处，大多不知道去处，怎么办？国家在1962年成立了文物商店，这个文物商店可不简单，是由文化部、外贸部、商业部三部联合下发指示成立的，店名由郭沫若题写“北京市文物商店”。这是通过商店形式为国家收集文物，名叫文物商店，实则是事业单位，经营起来走两笔账，只要收到国家需要的文物，国家出钱，不以营利为目的。除此之外，还规定了一切文物的交易必须在文物商店进行，收到的文物在供应上是先本市后外埠，先公后私。在全国各大主要城市成立了文物商店。北京市文物商店是总称，下边由各大原来有名的古玩店组成几个专业门市，如经营书画的“宝古斋”，经营陶瓷的“韵古斋”，经营碑帖的“庆云堂”，等等，除了门市以外，各大专业门市在内部还设有内柜，这个内柜是供全国各城市的同行、专家学者交流的场所。

当时的北京市只有这两家经营书画的场所，即“荣宝斋”和“宝古斋”，这两个斋虽都是经营书画，但性质不同。荣宝斋是经营笔墨纸砚的南纸店，凡是书画家都得和它打交道，还有木版水印很出名；宝古斋则不然，它是以经营历代书画为主，在这大家要注意，经营历代书画那必然有个真假问题，这就要有点本事了，知道宝古斋的、和宝古斋打交道的人必然是一些收藏家，荣宝斋则不然，除了纸张、颜料、笔墨外，它经营的现代画及水印画都用不到鉴定。能在宝古斋有一席之地的，那鉴定的功夫都不简单，在这儿我先给各位交代一下，宝古斋下面还有一个墨缘阁是专门和现代书画家打交道的。

阎晓宏理事长让我来讲讲书画鉴定及文脉，我是搞了几十年书画鉴

定的，我前边大致说清了，1962 年参加工作的文物商店的状况，也就同时说明了两点，第一，国家刚从三年困难时期过来，就立即着手抢救国家所需的重要文物；第二，及时招收人员把老师傅们的鉴定本事学过来，继承下来。我是在这种情况下由一名普通的高中生，有幸地加入文物行业里来，除了我们 5 位同学外，第二年又从文化局主办的文物鉴定班招收了 20 名学员。

为了尽快让我们把鉴定本领学到手，国家为我们这帮学员请来了各个专业的专家、学者，除了我们文物店的权威专家外，还请了启功、徐邦达、耿宝昌等专家学者来讲课，您看国家对此事重视到什么程度。

这些专家讲课时都是讲鉴定的考据，一张古画拿来，一件瓷器拿来，如何决定是真是假，这很复杂的，不是单凭一两个考据就能决定的。考据要学，但必须反复地比较，真枪真刀地去干才能学到真本领。不是简单几句话能说清楚。平常很多人也问我：陈岩，你是如何鉴定书画真假的？我就给他们讲：你在家坐着，外边有人敲门，你一听，这是我儿子回来了，可能不可能？可能。一会儿外边过道有脚步声，儿子一听，说这是我爸爸回来了，这也是可能的。这就是鉴定，但你能告诉我你是怎么听出来的吗？你顶多说敲门声、走路声轻点重点、慢点快点，你说不出更细节的东西来，鉴定也是这样一个反复比较的过程，除了考据决定真假的那种感觉，你是说不出来的，所以我给学员讲课时强调真假之间反复比较，这里边只可意会，不可言传。下边我给大家讲讲几十年来我经过的、经手的有关书画的一些故事。

我们学徒期限是三年一届，我是跟着师父边学徒边采购，到各大城市和当地的大小收藏家打交道，一直到“文化大革命”以前，一边学习一边开眼界，日子过得很愉快。

有一个情况，我必须和大家交代清楚，在书画鉴定界，清朝以前的

书画作品，收藏家爱好者还很重视，近现代的书画家作品没人重视，完全不是现在这种情况，即使明清作品也就是一二百元就能买到很好的了，如郑板桥等人的作品。近现代的几乎没人要。前边说过，宝古斋下边还有个墨缘阁，专和现代画家打交道。有一回，傅抱石家人从南京寄来几张画要卖，同时写了封信说明，这批画不挑，全收下，每张9元钱，如果挑选那就12元一张。当时业务科长是个复员军人，一看信说：还有这毛病，全部退回去。你看，当时的现代画就这个处境，大家要看清是每张多少钱，不是每平尺。

好景不长，我刚刚出师，“文化大革命”就开始了，首当其冲的就是我们文物行业，破四旧——旧思想、旧文化、旧风俗、旧习惯，没得说，我们的一切业务活动都停止了。

2007年，我写了一本书叫《往事丹青》，是由三联出版的，至今网上有卖，今天就不多说了，书里讲得比较详细，我今天给大家每人带了一本，回去可读一读。

下边给大家汇报一下我几十年里在书画鉴定等方面所经手、经历的事。

“文化大革命”一开始，我和老伴都下放到五七干校，我养猪，她做粉条。

到1971年，有一天，北京工艺品进出口公司总经理赵廉颇来了，我们本来很熟，他见到我说，他们从上海买了一个书画库，共20万件，花了20万块钱，我问他哪儿来这么多书画？他说是上海到无锡地区的一批物资。运回来后两派就打，一派说买回来一堆废纸，去买回来的就说这都是宝贝，没结没完地打，我到干校来找你，请你帮忙把这堆画整理整理，鉴定一下到底值不值这么多钱，我都和干校说好了，你帮下忙吧。

这样，我从养猪场到了工艺品三间房仓库。等赵廉颇带我到现场一看，

天哪，一捆一捆的书画堆了三四层楼高，一个搞画的，大的收藏家也就几箱子书画给你看，哪儿见过这么多画，去收购这批书画组的组长是温致俭和薛朋玉师傅，他俩都是老实人，见了我满脸堆笑，嘴里说着客气话。我一见这么多画，真是既惊讶又高兴，这些画堆得像一座小山，仔细一看是每十件一捆，每捆上都有一标签，上面写明每件 20 元的、2 元的、5 毛的不等，很快我就投入了鉴定分类工作，一开始工作，两派的人就不停地到库房来打听询问我，这些书画到底值不值，后来军代表也来问我，这些画值不值 20 万。

很快，我就从这堆画里找出了大几十张黄宾虹的画，等军代表再问我时，我就告诉他，仅这堆黄宾虹的画就值了。

1974 年已到了"文化大革命"末期，那时开始落实政策。

齐白石的第五个儿子叫齐老五，被退还了 11 张齐白石的画，他很快就到我们宝古斋来卖。

齐白石对卖画尺寸是极为严格的，一寸不多一寸不少，齐老五来卖的这 11 张画是每张三平方尺，按当时的价格是每平方尺 5 元钱，这 11 张每张 15 元，共 165 元钱，是两口子一起来的，很高兴。

可第二天，两口子又来了，找我说要退一张留个纪念，我当时心里很同情他们，立马给他们退了一张，是齐白石画的长鲶鱼，题字是长年。

我为什么给大家讲这些事呢，这就是国画在当时社会环境下的处境。

从 1974 年到 1975 年间，各行各业都在恢复正常业务，书画的收购作了一个很奇怪的规定，不准到书画家家里去收购，怕他们走资本主义道路，他们的画只能到社会上收。

这时，新疆文物店派人到北京文物店学习进修书画鉴定。顺便说一下，北京文物店是有着绝对权威的，因为老师傅多，文物多，全国各地的文物商店都要派人到北京来学习。

那年，店里来的学员叫郭长新，他一边学习一边又对我提出一个要求，他说您和那么多大师都熟悉，能不能帮他们店收些大师的画，我说总店规定不让直接从画家手里收，小郭说那怎么办？我说：我给你出个主意，你买些宣纸，拿宣纸和画家换画，小郭一听，那没问题。

很快，小郭从荣宝斋买回来一大批生宣特净皮，一刀 36 元，一刀 100 张，那时的画家是买不起宣纸的。

这样，很快就用这批宣纸从刘继卣、吴作人等手里换回一批非常精彩的画。大师级的画一张四尺整张的换两刀，以此类推，最低的一张就可换半刀。

有一次，我们在店里把换回来的画裱好，展示一下，可巧被总店经理看到了，他问，这是谁家的画这么漂亮？我说，您不让收，我帮小郭用宣纸换的。总经理一听，为什么不收？收！

就这样，1976 年“文化大革命”一结束我就开始大张旗鼓地开展现代书画的收购业务，我给新参加工作的助手高洪地说，现在咱们有多少收多少，老先生都上了年纪，又经过那么多年的折腾、批斗，他们能画多少我们就收多少。我曾经和黄永玉说过：你们这些大师们就如同河里的鱼一样，过了这一群，下一群不知何年何月才出现，不像别的行业，部长退休了马上新部长就来了。您看，20 年后的今天，我们经常在一起的全国的大师们只剩黄永玉老先生了，因为他长寿，快 100 岁了，请大家数一数眼前这么多年了，真正大师级的书画家还有几位？我说的这事，绝非指现在，一部绘画史就是这么写下来的，您看，从乾隆以后的一百年，大师级的书画家很少出现。

所以，我告诉高洪地，定好级别及价格，他们画多少我们要多少。这个账单我是从账本上拍下来的，李可染的最贵，每平方尺 15 元钱，黄胄的 7 元钱，1000 元能买十几张、几十张大师作品，这都是真的。

这样，没过多久就收进了一大批非常宝贵的书画，当时把张大千的一位学生，也是很有名的刘凌沧给收毛了，他小心翼翼地问我：“陈岩，你收这么多卖得出去吗？”我对他讲：“您甭管，您画多少我要多少，您画的画已经是半文物了。”说到这儿，他接着说：“哦，等我们一死就是文物了。”

这里我要说一下，在那个年代，一般没人喜欢现代画，很少有人买，说白了就是喜欢也买不起，收藏者都是讲究文徵明、郑板桥等人的旧画，很少有人买，只有荣宝斋是经营新画，但都是代卖，也就是说画可以给你挂着卖，等卖了才分成，像我这样有多少收多少还给现钱，他们做梦也没想到。

我从李可染老先生那里收来小幅柳牛春夏秋冬四条屏，挂在门市，不久让一老外买走了，才7000块，这件事让我们的老经理王程伟汇报到北京市工作会议，一下轰动开了。

我之所以这么做，一是前边说的有些抢救的意思；另一方面，也是因为我的地位决定的。在宝古斋，历来是老师傅们是看不起这些新画家，什么齐白石，什么徐悲鸿，不但老师傅看不起，收藏家也看不起，就连搞新画业务的业务员也被人看不起。因为他们没眼力，不用鉴定，从画家那里拿过代卖就是了，就说吃不上饭的才去搞新画。说实在的，您想想，看起看不起有几位能买得起画的。

作为我来讲，我既要管历代画的业务，又要管我属下的墨缘阁的生意，同时我也在不停地画，我通过动手画才知道画画的深浅。在我眼里，这是一批不得了的大师，李可染、黄胄、黄永玉、程十发、唐云、岭南三家，真是各有各的面貌，气魄之大，内容之丰富，在完全不失中国画的笔墨功夫之上又加进了西方科学的美学理论与实践，完全显示出自己特有的风范，不亚于任何时代。在这个理念之下，我就把重点放在了近

现代业务上，比如齐白石，那时尽管5元一尺，但他的画达到了诗、书、画、印融为一体的高峰。

什么叫诗、书、画、印融为一体呢？

简单说，除了画自成一派以外，题画的书法、作的诗、加盖的印章都能自成一派，可以说自古至今没有几人能达到，齐白石达到了，吴昌硕达到了，赵之谦达到了，千百年来只有数人而已，可见其难。在这一大帮大师群体里，他们都各有所长啊，看了他们的画，让我佩服得五体投地。

所以开始收购以后，1977年我就搞了第一次画展，就在宝古斋展出，展出的展品以徐悲鸿、齐白石、李可染、黄永玉、黄胄等大师的作品为主，时间定在五一劳动节。消息一出，震惊了全国美术界。

最可怕的事情发生了，当我们把请帖一发出去，文化局领导就来宝古斋了，是展出开幕的前一天。他看了看满屋子的展品后说："这个展览不能搞。"我当时年轻气盛，问为什么不能搞，他指着叶浅予的人物画说："听说这个叶浅予是中美合作所的特务，怎么能挂他的画呢？"他说的这些事我知道，这都是"文化大革命"当中的无稽之谈，况且在前天叶浅予的老伴王人美看到叶浅予的画真的挂起来了，她高兴得立马回去告诉叶先生了。

当我想到这些后，身上出了一身冷汗，请帖发出去了，明天不能开幕，这不是欺骗大家吗？再说，等王人美告诉叶先生画挂起来了，回来一看没了，这不是给叶先生的伤口撒盐吗？

想到这儿，我对局长说："这些画都是我从中央美院他上课的教室征集来的，他能讲课我们不能搞展览吗？"您看我胆子有多大。

我又接着说："我们这不是什么展览，我们书画店只是搞个展销活动。"

经我这么一说，局长也没词了，只好说叶浅予的画只能挂一张，这位局长给自己找了个台阶，说完就扬长而去了。

他一出门，我一屁股就坐下了，您说吓人不吓人。

这就是“文化大革命”以后全国第一次近现代国画展中的一个插曲。

近现代国画展在宝古斋展出以后，对全国美术界，尤其国画界产生了巨大影响，不像从前那样不被人重视了。

在以后的收购过程中又发生了一件事。

李可染老先生的山水画可称得上国画界坛主。他非常爱惜自己的画，虽然拿出画来，我们一定收，但他很少卖。

有一次李先生拿出了一张大画，按规定每平方尺 15 元的价格，付给他 600 元。不知是谁把这件事告到局里去了，文物局文物处一位处长到宝古斋找到我调查此事，见面就问：“听说你花 600 元收了一张李可染的画？拿出来瞧瞧。”我当即拿给他看，这位处长看过之后突然说：“你和李可染什么关系？”什么关系？我当即火了，如果嫌贵了我自己要！前边说了，李可染的画很难征集到，况且这么大的画做了多少工作呀，而且大画很难画，李先生才拿出这么一张大画给我们，也是按规定价格收的。那位处长一看这么大一张画，而且是按规定价格收的，也就没说什么。

李可染这张大画出场了，您记好，这是第一次出场。

到了 1979 年，北京和东京结为友好城市，在这个过程中要有一个互赠礼品的程序，当时主持外事的王笑一副市长通过中日友协找到了我，让我组织一批书画家画一批礼品画，谁参加由我决定。离五月一日劳动节的开幕只有半个月了，我当时向王笑一提出一个要求，画这批画的名单是我决定的，但要保密。王笑一问我为什么，我告诉他，这是“文化大革命”以后的第一次大型国际活动，也是政治活动，虽然一分钱不给，

大家也会抢着参加的，参加不上就会得罪人。王笑一笑了笑，给你保密。

最为感人的是李可染老先生，前边说了拿画卖钱他舍不得，但一听说国家需要，立即交给我一张很大的山水画，我拿到这画时心里十分感动。

只半月时间，经过紧张的工作，不但征集完毕，而且张张都装裱好，五一节前一天在北京市委大礼堂展出了所有的画，非常壮观。

当时，王笑一副市长拍着我的肩说：“咱们北京市的工作要像你做的工作这样多好。”

下一个故事讲一下嘉德拍卖。

那是1994年春，嘉德拍卖公司在长城饭店大厅举办了中国有史以来的第一次大型书画拍卖会，约请了世界各地的收藏家、记者出席，负责人是陈东升和王雁南。

我受朋友之托，带了1000万元人民币去参拍。拍卖之前三天要预展所有展品，供参拍者鉴定选择，我在预展中看中了两张画，一是齐白石的横幅，长3米，宽70厘米的松鹰，另一张是张大千的丈二匹山水“石梁飞瀑”，是竖着画的。这两张作品都极为罕见，尤其齐白石的松鹰，他这一生只画了这一张巨幅，这一点是很多人不知道的，也就是说是件孤品，当时我就决定300万元拿到手，张大千那幅120万即可。

在这儿我要和各位说明，那是在1994年，这300万按现在得加十倍不止啊。

是因为不知齐白石这幅松鹰的价值，还是没从原来习惯的思维中醒过来，这张松鹰只花了170万拍了下来，当即就创下了近百年国画突破百万元的记录，当时拍卖场就炸窝了，“长枪短炮”都集中在了我们所举的拍卖号牌上。

张大千的画原定120万拍得，结果大家一高兴，也不听原来的决定了，结果200多万拍得。

就这样，嘉德1994年拍卖创下了两个冠军，全场1400多万，单价200多万，我个人就花掉了七八百万。

按现在的行情，这个数字根本不算什么，可那是九十年代呀，很吓人的。

事后，陈东升、王雁南要到家里来感谢我，我说不用，他们一定到家里来，来了之后，陈东升说："我们给你总结了三条，第一是你把金融界与艺术界沟通了，第二是把有些人吃喝嫖赌的钱用到正道上了，第三条就是为我们国画出了口气，中国书画再也不让外国人随便玩了。"

听到这儿，我一拍桌子站了起来说道："说得好，真的让我出了一口恶气，我是搞书画的，西方绘画动不动就卖上几千万美元、上亿美元，我们齐白石、傅抱石的画只能卖个白菜价，东方艺术和西方艺术的价值会差别那么大吗？"

从嘉德拍卖开始，中国的书画不管在国内还是国外市场，不管是旧画还是新画，拍卖的价格一次高过一次，一张近代画或明清的画也有了一两亿、几个亿的成交记录，这才给了我国书画一个公平身价。

话说这近现代画越炒越热，到了1997年嘉德拍卖后，李可染、黄胄的画轻易地就能拍个几百万、上千万，其他大师们的作品也是如此。这时价格一度高过了旧书画，因为旧画鉴定起来很难。

这时，我发现在文博系统里，缺少这么一个近现代艺术馆，因为过去大家不重视近现代书画，到这时南北大师们的作品不亚于任何历史朝代，真是群星灿烂。

在这之前，我帮黄胄老师建了个民办公助的"炎黄艺术馆"，我就想为什么不给这群大师建个艺术馆呢，况且在博物馆学中这一近现代博物馆是个空白。

这样我就动脑筋，设计出一座近现代艺术馆，那时基于两点考虑，

第一确定是空白，第二是大师们相继谢世，他们的作品一般堆积在家，很不安全。当时北京晚报登了一个消息，说是一个老人因家里挂了一张李可染的画，被偷画的贼杀了，画也拿走了。为此，李可染夫人很紧张，几次找到我，请我们想办法。

对此，我的设计方案如下：

原则是公办民助性质，展馆由国家出面组建。

选出一定水平的画家。

年代是从道光左右的画家一直到现代的70岁以上的大师。

选中的画家每位分给200平方米的展厅，展厅归选中的画家支配，可陈列自己的作品及收藏的文物等。

在此基础上再建一座展出大厅，选出入选画家的代表作，集中在展出大厅长期展出。

这样就体现出公办民助的性质来了，国家出资盖好房子，各位画家出展品，这样既解决了画家把画存在家里的安全问题，又解决艺术馆展品的来源问题，岂不很好，馆址就选在现在国家博物馆的南边。

我把这设想方案呈报给时任全国政协主席李瑞环，很快就立了项。

当我拿出中央红头文件，特意让吴冠中看，吴先生一看文件高兴得站起来，一拍桌子大声说：这下老头的作品有去处了。

您看，当时的大师们就是这个状态。

那是1997年的事，离世纪之交还有三年，三年准能建成，到时可向新世纪献礼。

这样，我就顶着这个项目的名头，在李主席的支持下找了马万祺，让他们出钱赞助。

经过反复协商，港澳地区拿出一笔资金，马万祺老先生说，除了你们选进的那72位画家，在绘画上有点贡献的都要给一席之地。

马万祺先生讲的72位画家是从任熊开始直至黄永玉、黄胄，以后的还要说到。

我们正在兴高采烈地努力工作着，突然，一纸“楼堂馆所停建”的公文，就把这座近现代艺术馆的立项给取消了。

好了，就说到这儿吧，至今说起此事我都心痛。

正在为艺术馆停建难过，李可染的儿子李小可来找我，我问他什么事，他说他要为他父亲李可染在沙滩中国美术馆办画展，想借当年被我收购的那张大尺寸的漓江山水参展，因为他们和现在宝古斋的负责人不熟，我也早离开文物店，让我帮他们出面借这张大画。现在文物商店的负责人都是徒弟辈的，我就义不容辞地陪他们到宝古斋借画。

到了宝古斋，我给负责人说明来意，应该说没有什么难的。

他们将李可染的画拿出来，办了借画手续之后，文物商店负责人突然很温和地对我说：陈师傅，您给估个价呗。

一听这话我打了个愣，这是什么意思？转眼我明白了，这是防备万一有个意外也好有个说法，估价多少都得由我负责呀，因为店里不认识李小可，这都是情理之中的事，完全合情合理，好，那就估吧。

当时我对负责人说：这张画按现在行情最低也不能低于2000万人民币。

好吧，陈师傅，您给签个字吧。

当我拿起笔来时，千头万绪涌上心头。

就这么一张李可染的山水画，一张600元买来的画，如今我当作这张画的担保人，担保的价值是2000万！

诸位，当你们看到这时，猜猜我应作何感想！

转眼到了1999年的夏天，有领导问我：陈岩，艺术馆取消了，我们拿什么向新世纪献礼呢？

说到这儿，我心中万分感慨，这艺术馆如不停建，到这时早就应时建成了，唉，多大的遗憾。

既然问到我，那我就说：要不这样，上次筹建时72位画家都确定入选了吗？咱们把它印成画册，向新世纪献礼吧。

领导一听这个建议很是高兴，立即表态说：好，就这么办，只是还来得及吗？时间比较急，决定下来以后，立即组成了筹备小组，小组成立之后，首先要解决的就是72位画家的来源。这些画家是我选的，大家讨论通过，来源主要是故宫博物院、荣宝斋、中国美术馆和全国政协书画室藏画，要求入选的每张画的来源清清楚楚，不能有一张假画，有争议的都不能入选。

即便入选了，在入选的张数上分成五等，一等可入选五张，二等选四张，三等选三张，四等选二张，五等选一张。

筹备组成员有时任全国政协赵喜明副秘书长，书画室刘静主任，还邀请了理论家陈履生、刘曦林等，还有书画室的田凤立、马凤茹，印刷经陈履生推荐由雅昌印刷制版公司负责。

每位入选的画家由他们的研究生负责写介绍，评论文章。

四个单位入选藏画的都大力支持，七十多位研究生也汇集一堂，领了任务就各写各的文章了。

其中有一部分画册要精装裱，羊皮面，准备领导人出国当礼品，这下可难为雅昌了，他们没有做过这种工艺，只好到外国去找。

这本称作“近现代国画名家”的大型画册，是由李瑞环主席题名，启功先生写前言的，经过几个月，终于赶在国庆节前印刷出版了，并在十月一日运至政协大展厅，此画册中的原画同时展出了，我一直揪着的心终于放下了。

今天，我把这本画册带到现场来了，万捷兄也来参加这个活动，他

为这本画册真是费了很大心思。

这本画册，因为要介绍画家，介绍画及画中所提及的真草篆书体及篆刻名章、闲章，再加上英文译稿，这么说吧，这些文字复杂得不能再复杂了，但出版以后达到了没有一个错别字，这一点今天提起来，我还是挺自豪的，当时的一幕幕又重现在眼前。

借着这么宝贵的平台，我在这儿，只讲了“文化大革命”前后国画界的演变情况，大家听了不知感觉如何？我是抱着非常遗憾的心情向大家讲这些情况的。

另外，阎晓宏理事长让我也讲讲文脉，山有山脉，文有文脉，这个文脉怎么讲，我不太清楚，所以下边给大家讲讲书画之道在我们中华民族上下五千年的传承之中所起的作用。

自上古传说中“仓颉”造字以来，我们中华民族就使用着汉字，因为各地方文字的写法、度量衡不统一，秦始皇下令全部统一起来，车同轨，书同文，这可是公元前的事啊！事到如今全国上下还不是在使用汉字，而且在世界上，将文字当作艺术品来写来用，也就中国这一家。汉字尽管有真、草、隶、篆，那也是汉字的演变过程，都给清清楚楚地记录下来了，每一种写法都可以当作艺术品悬挂于大堂之上，您看，这都是我中华民族所独有的。

再说画，现在叫国画，国画是从象形文字演变过来的，所以绘画讲求线条美，要达到线条美没有几十年功夫是达不到的，也是我们中华民族所独有的，称之为国画，当之无愧。

我们中华民族几千年的文化传承，除了书籍之外，通过书法家的书写，国画家的绘画，通过一件件卷轴，一副副对联，一件件中堂条幅，不也是这些文化传承的载体吗？而且是千百年来老百姓的直观载体，不管你三坟五典、孔孟之道、绘画流派，都能从这些书画上直接体现出来。

古人说：书画之道是“兴教化，助人伦”。这是书画的根本宗旨，就是对老百姓起到教育作用，安定社会秩序。

尤其新中国成立以后，现代的书画大师们用毛笔书写惊天动地的诗词，用毛笔画出祖国的大好河山、社会主义的幸福生活。

这是多么重要的文化阵地，不应爱护、发扬吗？可是，在“文化大革命”中，竟遭遇到这种处境，您说我能不遗憾吗？

话说到这儿，我请问大家，这书画之道算不算我中华民族的文脉？我想是，不但是，还是很重要的一个组成部分，我们就要把这方面的事重视起来。

选入的72位画家都是顶尖的、高水平的大师，代表一个时代的艺术水平的标准。

我们国家在党的领导下越来越富强，人民生活越来越优越，但我们的文化艺术要跟上去，使我们中华民族的文化传承下去，也就是文脉吧，代代相传，真正起到兴教化、助人伦的作用。

除此之外，我还想借此机会和大家聊一聊关于我国的六十年干支纪年法。

这个六十年干支纪年法在过去也有人专门写过它的功劳，说明这个纪年法在一个文化古国的文明传承当中所起的重要作用。

人们一提五大文明古国，即美索不达米亚、古埃及、古希腊、古印度和中国。

除了中国，其他四个古文明国家，虽称古国，但它们的历史都模糊不清了，这说法确切否我们今天不去管它，但我们中华文明史上下五千年应该说比其他四国清楚得多。为什么？很简单，那就是在我们中华文明史上有文字记载就开始使用干支纪年。

大家都知道，所谓干支纪年就是由天干十个字，即甲乙丙丁戊己庚

辛壬癸十个字组成；地支由十二个字组成，即子丑寅卯辰巳午未申酉戌亥十二个字，以天干为主，和十二个地支两两相配，就形成了六十个组合，如今年是庚子年，就是其中的一个组合，这六十年干支字，自上古到现在，从没间断过，而且是重复出现，循环使用，也就是说，每六十年重复一次。

下边，我们就把几个概念记清就好办了。

第一，我们现在所用的公元纪年法是西法，是以耶稣基督的出生年作为公元元年，纪年标准，也就是说，自耶稣基督诞生至今有2020年了。

第二，我国自有文字记载就有了六十年干支纪年，从古至今没有间断过。

第三，我国是从辛亥革命推翻清政府以后，才开始使用公元纪年法。

第四，新中国成立前夕的1949年9月的全国政协会议决定同时用公元纪年法及六十年干支纪年法纪年。

第五，我国几千年的文明史，朝代的变更、大小事件及其所涉及的历史人物的生死通常记录的生卒年月，即便平民百姓，死后的墓志碑刻都是用干支字记录得清清楚楚。时间再久远，事情再多，我国的文明史就一段段地浓缩在了这六十年的干支字里了，反复使用六十年从无间断，这公元纪年和干支纪年两条主线一重合，马上知道我国历史上发生的某事件所标注的干支字是公历哪一年，立即清清楚楚，无论公元前还是公元后。

如耶稣诞生的年称为公元元年，那么是我国的哪个朝代？一查，噢，是西汉的平帝开始登基做皇帝了。

有了这个基础，那耶稣诞生之前怎么办，现在知道了公元元年是平帝元年，那就以此类推即可，史上即称为公元前多少年，发生了什么事，照样可以以干支字推断，一点不乱。

那么我就问大家，西方各文明古国的文明史，公元纪年法公元前各

种时间如何考查？这里就不要论证了。

好了，就说到这儿吧，前边说过，从前有人专门论述过中华民族的智慧体现在方方面面，让几千年的复杂记载变得如此简单。

我是搞书画鉴定的，面对历代的书画，我要弄清这个画的真假，我必须首先弄清这个书画家的“生卒”，也就是哪年生的，哪年死的，由此判断这幅作品的真伪，这是我们经常用到的。

今天由于讲到了文脉，我才重点和大家讲了这六十年干支字的作用，它不但是文脉的重要组成部分，而且是很重要的组成部分，我们真可称其为文脉之中的文筋了。

好了，就讲到这儿吧，谢谢大家。

特邀嘉宾

万捷 （雅昌文化集团董事长）

今天陈岩大哥满含感情地讲这段历史，1962 年我刚出生，他已经从事书画鉴定的工作了。1977 年陈岩大哥第一次去给艺术家办展览，那个时候给艺术家办展览是发现这些艺术家，推出这些艺术家，如果没有陈岩等人的努力，后来也没有这样的一个市场。这是改革开放之后中国第一本用羊皮卷给中国的艺术家来树碑立传。老大哥是我们的教练，也是我们的老师，用心在激励我们，所以我们才有今天那么多人热爱艺术、痴迷艺术，让艺术为人民服务。像李可染、徐悲鸿，这些老先生们最后把作品全部捐给了国家。中国文化人的这种精神是全世界没有的，连纸都买不起，最后把这么多财富捐给国家，都讲企业家怎么做公益，但真正做公益的还是艺术家。这些东西是多少钱也买不回来的。我们要思考，怎么让中国文化受到保护，传承中国文化，还有很多老先生，像徐邦达、史树青，等等。陈岩老大哥，他是一个传承者，前面那些老爷子的精神，都是他这一代来传承，他现在把自己的感受给我们传承下来，能让更多

的人记住这段历史。刚才说活化石，确实是，陈先生不光是见证者、参与者，而且是记录者，同时也是警示者，告诉我们怎么去保护中国文化，怎么去热爱中国文化。感谢老爷子二十多年的教诲。

特邀嘉宾

王亚民　（故宫博物院总策展人、原常务副院长）

今天陈岩老师以讲故事的形式，把中国几十年来艺术界的演变给大家作了陈述，我听起来非常感动，有很多的事件我也是比较熟悉的。今天陈岩老师讲了一个很重要的思想，就是中国的文脉，从唐代到宋代，到明清，到现代，中国几千年之所以连绵不绝，中国文脉没有断，其中有一个分支，就是艺术，从唐代的画到宋代的画，到清代的画，整个中国艺术是沿着这么一个系统下来的。陈岩老师对中国近现代绘画的评价我是高度认可的。我们的画家处于这么一个生态环境里面，出了那么多精彩的绘画作品，每个画派在中国历史上都独领风骚，唯一一个遗憾就是没有搞一个中国近现代的博物馆或者美术馆，其实在艺术界几十年来人们都在呼吁，可惜一直没有搞成，确实是一个遗憾。

就故宫来说，收藏了从古到今的绘画、书法作品，一共是15.6万件，近年来我们也是按照故宫对整个文物收藏，包括研究作了一些梳理，现在也在做以流派、以人物或者以主题的展览，比如今年春天马上要做的

就是乾隆皇帝和他同时代书法家的展览，比如说他和刘墉的、纪晓岚的、和珅的。到秋天的时候，要做一次任伯年绘画展览，他有400多件，在社会上公布的大概也就是三四十件，我们拿出260多幅进行展览。还有《清明上河图》和《中国风俗画》的展览。同时我们也在广州、香港办画家的展览，比如说有齐白石书法绘画作品290多件。在故宫过去的研究里面，看文物基本上是看明清以前的，清朝中期以后是很少关注的，我们现在既要关注清代后期，包括现代画家的一些东西，也要关注近现代画家，因为他们和整个时代结合得比较紧，这也是故宫博物院应尽的一份责任。今天有这么一个机会，能聆听陈岩老师的精彩演讲，受益匪浅！

特邀嘉宾

王昌燧 （著名科技考古专家）

我一直做科技考古，就是用科学技术的方法来研究考古学的问题。现在考古学越来越红火，跟我们考古学家的发掘有关系，同时跟这些年的科技介入有关系。

陈岩先生今天的讲话是一个全新的东西，给我很多启发。中国文脉的事情，或者说中国文化是独树一帜的。我谈谈自己做的一些比较重要的工作，比如说陶瓷。

我们把中国瓷器的起源定在是东汉末年，但是前面呢？有一个原始瓷的概念，实际上这不是一个科学定义，是因为1971年组织出国展览时，我们的专家认为有关展品是瓷器，而组织者法籍俄罗斯人艾利赛夫认为是陶器，后来郭沫若先生定为原始瓷，这是折中的概念，被大家接受了。

青瓷起源是上海工艺所李家治先生定的，他是李鸿章的后代，是非常著名的陶瓷科技专家，他把青瓷起源定在东汉末年。我觉得定这个年代有点问题，仅凭一个数据来定不合适，要定的话需要说明工艺变革。

后来我发现，他定的东汉末年的这个瓷片，烧制温度是1310度，是历史上的最高点。如果承认这个定义的话，中国基本就没有青瓷了，只有这片残片算青瓷，这么一个怪怪的定义，全世界都承认了。所以按照现在的情况，如果把它重新定义一下，那我们的瓷器至少要起源于夏代，甚至还要早。实事求是，我想是至关重要的。

关于书画鉴定的问题，这个事情跟陶瓷、青铜不一样。我觉得书画鉴定很难，因为现在有明清的纸和墨、印泥，这些东西用科技测它就是那个时代的，我觉得无解。但是后来一想还是有可能解的，在画画时间上的速度和规律还是不一样的，目前这还是科技鉴定的难题。

特邀嘉宾

周旭君 （北京民生现代美术馆馆长）

说起来跟陈岩先生非常有渊源，我 2009 年到 2012 年在炎黄艺术馆做执行馆长，所以陈岩先生今天说的这些精彩故事，是深深感动我的。陈岩先生、黄胄先生他们老一辈文化人、艺术家的情怀，对一个民族的文化情怀，对社会公益的胸怀，都深深打动了我们更年轻的一代人。所以那四年我在炎黄艺术馆做了中国 24 季中国美术现代性研究的工作，研究了很多美术大家，也引起了非常好的反响。这是民生银行捐助运营的。后来我们到了 798 这边，民生银行创建了自己的美术平台。我们做的《中国水墨艺术 40 年》展览，是从 1979 年改革开放开始，梳理了 40 年的发展，非常全面的展览。正像陈岩先生说的，中国的文脉、文化确实是到了整个社会和政府，特别是文化界高度重视的一个阶段了，特别是改革开放以来，中国的艺术发展多元多样，作为民生银行创办的美术馆，我们也想通过自己的平台，在中国美术史的发展当中发挥一点作用，从这个角度来策划整个展览。这个展览是由两个线索共同构建的，一个线索

是新中国画，从1979年改革开放开始，在40年整个发展中特别有贡献的、特别有成就的一些名家，有中国美术馆、国家画院的、各省美术馆的，很多重要艺术家和代表作品我们都征集过来了。

还有一个线索就是新水墨，通过改革开放40年发展，它的形式也非常多样。艺术家非常有追求，不断地在实验，在寻找新的发展路径，也形成了很多很好的成果。而且新水墨与改革开放以来我们中国人的精神深层状态结合得特别好，所以这两个线索是一个整体的、系统的梳理，可以说之前还没有美术馆或者机构这么系统地来梳理过这40年。媒体和艺术界都认为这是一个史诗级的展览。

今天非常高兴，陈岩先生讲述了他这么精彩的人生，有那么多精彩的故事，带给我们后人无尽鼓励。我们在文化艺术道路上要向前辈们学习，怎么去尊敬文化以及去尊重艺术家的创造，谢谢！

特邀嘉宾

黄君　（书法家、诗人、评论家）

陈先生的演讲特别精彩，也让我非常感动，您由故事串出来的中国文脉的感想深深地打动了我，我一直从事这一方面的思考和实践，我深深地感觉到，在近现代以来，因为诸多原因，中国文化受到的冲击恐怕是历史以来比较少见的。但是如果从整个中华文脉来说，我们中华文化跟世界文明中其他古文化不一样的就是我们的文化没有断过，这一点又特别地提醒我们的文化人要更加珍惜我们没有断过的这个文明。因为有陈先生这样的人，在默默地关注着、呵护着、保卫着咱们的文明，这是最为难得的一件事。我想这正是我们文明之所以不断的根本原因。我作为后学晚辈，一直从事这一方面的工作，写字、写诗歌以及读书，有一点我倒是欣慰的，我目前走的这条路，恰恰就是您刚才讲的这个文脉上的这条路。

书法的魅力

第二讲

主讲嘉宾

王立平　杨再春　张　继　王守常　林　阳　黄　君

主持嘉宾

阎晓宏

特邀嘉宾

孙寿山　袁亚平　葛　珂　刘广和　敖　然　江　力

王明君　安　波　王　旗　唐月明　秦　博　李长春

刘　彬　韩加龙　邹高昆

常写字是个好习惯

王立平 （作曲家、中国音乐著作权协会终身荣誉主席）

让我说写字还真有点紧张，因为我虽然常写字，并且很爱好，但水平有限，尤其是在我的记忆里，好像从来没有在这样大的场合就写字的事情讲过话。所以今天把我安排在头一个发言，我有点高兴，这解脱了我的一些顾虑、麻烦和恐惧。因为凡事都是由表及里，由粗到精，由浅到深的，所以我作为第一个发言的人，负担当然就会小一点。

我今天没有写稿，因为没有稿子可写。我只想了一个题目。就这个题目说说自己的想法，这个题目就是：《常写字是个好习惯》。说它是个好习惯，是因为它可以给我们带来许多的好处。

第一，给我们带来快乐。写字的人很多很多，当然水平不同，志趣不同，风格不同，想法不同，但之所以有那么多人写字，我看大多数的人是有这个兴趣。什么叫兴趣？就是爱好，为什么爱好？因为写字给我们带来快乐。可对我来说，我从一开始就没有对写字抱过希望，也没想过能把字写好。因为我有个二大爷，在小时候，我奶奶就跟我

说二大爷从小如何吃苦受累，下大功夫练字，八岁就能写牌匾。是他彻底颠覆了我把字写好的希望。记得我小时候，爸爸拿他的字给我们看，父亲说，他自己不行，只能写点美术字，我大伯父毛笔字写得好得多，但也不行，因为我们家有个了不起的书法家，再怎么写都写不过他。但我还是喜欢写字，也喜欢看字，我们家几乎没有什么书，只有一套书法的经典，就是《三希堂法帖》，我从不认识字的年纪就经常抱着三希堂的大本线装书当小人书看，看得兴趣盎然，不知道为什么对那些弯弯拐拐的字有那么大的兴趣，但那时没有老师教，也下不了那样的苦功夫。我一直到上学也没有练过字，没有临过帖，但是又有点不甘心，从小学、中学再到大学，我一直很羡慕字写得漂亮的同学。觉得写不好字很丢人，所以我又很注重写字，而专业的音乐学习课业是非常沉重的，我的课外爱好又比较多，文学、摄影、诗词，我都喜欢。我求学的年代大多时候就处于这种尴尬的情况。我一直认为，一手漂亮的好字比长相漂亮更让人羡慕。

第二，可以给人带来健康。为什么说可以带来健康？1991 年 4 月份，我的老师文怀沙先生带我去访普陀山，从那里回来，大和尚们送给我一本历代名人写的《心经》，先生告诉我这是一部经中之经，是大学问，需要认真对待，要有敬畏。回来看了三天，看得我热血沸腾，也很有兴趣。我从那个时候开始真正练字，开始写《心经》，一开头写得满头是汗，我没有一下把这个《心经》全弄懂，我想一点一点慢慢地、在自然而然书写的过程中去悟、去了解。我到现在依然是习惯照着帖写，从不背着写。

我发现一个规律，无论是冬天还是夏天，冬天我的屋里也不太冷，夏天也不太热，我感觉是从三个小时，到两个小时，到一个多小时，始终可以保持写完了以后是一身微汗，那种感觉太美妙了，写得如痴如醉，写的时候是处于忘我的状态，写完了以后感觉一身轻松，虽然精神非常

集中过后微微有一点累，但是感觉极好，精神很快乐，身体很健康。所以长此以往似乎也有了练功之感。我今年78岁了，到现在精神依然很好，而且还可以写小楷，不用戴眼镜，依然可以读书，我来之前还在写字，这种健康也许是从心情来的。因为旁无他物，可以使我精神更集中。总之，我的感觉是写字是有益健康的。

第三，书法还能给我们带来什么？它能使我们谦逊。人有了知识，便会有自满的时候，比如说作曲，是不是有时候有点小得意？可能有。但是写字让人必须得谦逊，前人的字在那里，谁敢狂妄？谁敢自信？说你写得最好？不用最好，眼前有很多人比你写得好。所以在写字面前，就谁也别狂，按理说谁也狂不起来。当代的书法家、历史的书法家，他们的为人、他们的成就、他们的功夫、他们的文化、整个学问和底蕴都是值得我们敬畏的。所以我想书法能让人产生敬畏。

第四，书法还能带给我们什么？能给我们带来心平气和的好心情。比如说，有时候自己写了一篇字，写到最后一笔下去，如果不理想，没写好，真的会非常难过，很后悔。生活中会有很多令我们烦躁的事，但是写字的事是怪不得别人的，字没写好只能怪自己，谁都怪不得！所以还得慢慢静下心来，自己惹的祸，自己收拾。长此以往，在提高写字水平的同时也练得心平气和，遇到什么事都不躁，心平气和。

第五，练写字还能培养自己的自信。我常常为写了很多日子却没有什么长进而烦恼，但是慢慢想想，任何功夫都是非一日之功，冰冻三尺非一日之寒，有时候有一段就是很难进步，有时候回过头来看看，发现自己原来写的就是不如后来写的好，只要下功夫总会有进步，有进步就有快乐，所以写字能培养我们的自信，培养我们心平气和地往前走。写字可以抑制我们的烦恼，在很多烦躁的时候，有时候展开纸去写字时一切都放开了。

最后，我觉得在写字的过程中，还可以广结善缘。比如说写了很多字，废的字怎么办？写好了怎么办？你总要跟人交流，最后因为写字交了很多朋友。你送别人了，人家也会送给你，从别人那也得到快乐，得一点进步，得一点知识，得一点激励，促进自己，多好的事。

另外，我前面说到了，我的书写是从实用开始的。我曾从政若干年，我的很多重要文件都是用小楷写的，且不论写得如何，每一份文件我都写得很认真，我相信一条，当我跟别人有这种书信往来的时候，我一定希望他看我的信，并且是认真看看我的信，拿我的信当回事，我体会是如果我收到一封写得漂漂亮亮字的信，我一定多看几遍，认真地考虑考虑他所表达的内容。所以，我认为字写得好不好在于认真不认真，我写得足够认真，别人一定能看到我的这份心思，所以这是一种交往。

在差不多30年的时间里头，我把自己贡献给了一个事业——中国音乐著作权保护，我从最开头给人大常委会写信，那是很不客气的信，也是表达我意见的信，还给有关部门的一些领导写了很多信，这些经历真正提高了我对书写的认识。书写首先是为实用的，表达我们的意见，表达我们的理解，表达我们的态度，表达我们的诚意，表达我们的恳切，我想文如其人，字也当如其人。

后来我发现很多和尚喜欢我的字，我的第一幅《心经》挂在灵隐寺大和尚客厅里，这给我很大的激励。我后来跟各界的朋友包括给宗教界写了很多经、匾和联，能够做这样的事，给别人快乐，自己也得到快乐，何乐而不为？我曾经说过两句话：一、只要是佛门的事，我虽然不信佛，只要求我，我有求必应。二、分文不取。

通过写字，我结交了很多朋友，写字可以带来健康、快乐、谦逊、自信、广结善缘，何乐而不为？谢谢！

对当前书法界现状的观察和思考

杨再春　（书法家、书法教育家、摄影家）

我今天想谈谈对当前书法界现状的一些观察和思考。

公元353年农历三月初三，王羲之等人雅集曲水流觞，作诗、吟诗，后将诗集成《兰亭诗集》，王羲之为此集写了著名的《兰亭集序》。今天正巧是旧历三月三，我们在这里也非常好，也是个雅集，请了这么多专家、朋友听我们聊，这正是在传播中国传统文化。

现今书法界面临的困境

最近有一篇《人民日报》2012年的旧文《坚守中国书法的文化品性》在网上热传（原文发表于2012年6月17日《人民日报》副刊第008版，作者：向云驹）。我先从文中摘选几段与大家分享：

“中国书法已经成为全人类共同的文化财富，其保护和传承，已经不仅仅是我们对自己民族文化艺术的责任，而且是对人类文化多样性、人类文化杰出样式的保存、发展、传承的责任。这种遗产的破坏、扭曲、

损害与灭绝，不仅仅是对一国文化的伤害，也是对人类文明的亵渎。

“我们一定要维护书法的历史传承。没有历史传承、没有历史根基者，不能叫‘遗产’。人类非物质文化遗产代表作的荣誉称号，在这个意义上也是一把双刃剑，是荣誉和责任并存的文化身份。

“中国书法在后申遗时代的发展路径，并不是屈尊低就外人的好奇和满足这种好奇的粗糙粗鄙的书写与书写表演，而是坚守它的文化个性，保持它的文化尊贵与高贵品性，维护它的文化神圣神奇神秘和博大精深。中国书法将为中国文化争得最大荣誉和最广泛的尊崇的文化个性。”

通过这些摘录内容，不难看出这篇多年前的旧文在极短时间内被众多书法媒体纷纷转发、传播的背后，实则代表着书界朋友们渴望维护中国书法文化历史传承的迫切愿望。

确实，中国人对中国书法应有一个更高维度的认识，不只是写写字、教教书，而应更多地将其视为一个重要的文化载体。中国文化的核心价值观“实事求是，取其精华，去其糟粕”为中国书法的传承奠定了良好的基础。

然而，中国书法的现状是什么样呢？

从生活中看，我想起一件小事。前些日子我到某大学讲课，看学生现在多是用电脑，iPad 记笔记，只有少数几个用笔和本子在记。于是，我暂停几分钟，走到台下去看了看这些学生们的笔记，笔记上的字真不忍直视，让人伤心。另外，在多年前，教育部曾组织一部分人去调研高考试卷学生笔迹的状况，我参加了这个活动。一些成绩非常好可以报考北大、清华的尖子生，答题试卷上的字迹你不用心都有些看不懂，这种对于“书写训练”上的缺失，看来是一个挺普遍的现象。

从学术上看，中国书法现在面临着诸多困境。中国书法的体裁史、人物史、书风史、书论史、断代史、碑学史、帖学史都在淡化，毛笔的

实用性书写就更是普遍地被放弃了。随着日本现代派书法、中国超现实派书法以及中国任意性美术化书法的出现和蓬勃兴起，传统继承在此时成了中国书法的大问题。书法的传承受到了釜底抽薪的影响，传统书法被不断边缘化。现在电脑里的书法体，人工智能写的书法字，有很多方式可以“生产书法”了。我们要知道，这是技术，不是艺术，永远不能代替中国传统书法艺术的内涵和本质。

看到这些问题，不仅使我心中感到不安，相信每位书法人也和我感同身受，我想这也是为何在此时此刻，网上会对一篇《书法文化传承》之旧文推崇备至，它好似呐喊出了我们每位有良知的文化人应有的紧迫感。

如何面对“个性化”的不同声音

多年从事书法创作与教学，我深刻体会到现今中国书坛上出现了很多不同的声音，想到我曾写过一篇短文，题目是《关于曾翔狮子吼书法展开幕和沃兴华书法叫停》。文中我提到，曾翔一边写字，一边呼喊的形式，沃兴华要求求变的书法作品，显然是因这个时代应运而生的，是其“个性化”的极大体现。

其实，二位先生我都相识，尤其曾翔从他开始习书我便知道，此二位先生传统书法功底是深厚的，是下过功夫的，我们不能因为他们现在创作的形式就简单地对他们全盘否定。

他们在中国传统书法中度过了十几二十年，却不想再继续“爬行”，想走出去看看外面的世界，而后就出现了他们那样的一些举动。尝试一下古人没有做过的事情，大胆地试验了，也实现了自己的愿望，写新、写意、写情，走自己的路，不管别人说什么，做他们自己想做的。

再回看古人，明代大画家徐渭天书般的狂草，郑板桥碎石铺路的草

隶，王铎连绵不断的草书……种种“个性化”书法都在中国书法史上留下了一笔。

当我们听到这些从古至今、众多烦乱的“个性化”声音时，无论是自己学习或是从事教学，如何才能找到自己内心真正的声音呢？

我想，我们应该更多地看到，曾翔先生、沃兴华先生，不管他们怎么变，其实没有离开“中国汉字”。刚步入书坛时，他们临摹传统的辛劳和汗水我都看在眼里，他们现在实践一下，在书界敢做吃螃蟹的人，另辟蹊径。我们作为旁观者，知道书法圈里有这样一些人，在做自己想尝试的事情，这就足够了，不应把精力放在批判和横加指责上。而更应关注到他们曾经是一步一个脚印穿越过中国传统书法这片沃土的，从这片富饶土地中最终生长出什么样的花朵，是要靠每个人自己去有选择地播种，浇灌，精心培育的。再多的评判都不能带来实在的进步，关注在更加有价值的事情上，不断寻找属于自己内心真正的追慕才是正途。

在如何面对不同声音这个问题上，我特别敬重的王立平先生，谈到其为1987年版电视剧《红楼梦》乐曲创作的经历，给了我非常重要的两点启发。

首先，立平先生谈到他对《红楼梦》作品创作理念的理解：“曹雪芹当时是撕开了社会现实，然后才有了作品里众多鲜活的人物。”“撕开了社会现实”何尝不是我们现今书坛面临的难题？只有“撕开”纷乱现象，中国传统书法之“真知”才会再“鲜活”起来，但这并不容易，也正是体现我们良知与智慧的关键时刻。

其二，立平先生又谈到，导演和编剧当时都让他用“满纸荒唐言，一把辛酸泪”作为创作主题。而王先生则认为不妥，并最终选用了《枉凝眉》作为主题音乐，同时还用《葬花吟》作为主要配乐。立平先生用自身的行动，为我们展现了面对“权威”，如何去坚守自身价值观，勇于选择与实践，

最终创作出“命中靶心”之佳作的精神，这也正是我们现今书坛最迫切需要之精神。

当然，“辨别真知”与“不畏权威”并不轻松容易。有时我去讲课，课堂上常会碰到一些同学拿着报纸或图片来问我：“杨老师，您觉得这些字好看么？为什么这样的字会发表？我怎么感觉这些字连初学的小孩写的都不如？”我其实理解这些同学的困惑，因为用传统的审美眼光看，他们看不懂这些发表在“权威”媒体上的作品。

这时，我通常会这样回答：“我认为这些人是在写他们‘个性化’的东西，他们所理解的汉字就是这样的，我们无须去评价、去干预，他们完全可以把字写得歪歪扭扭，但这些只是一些个人的追求和想法，我们尊重。但我需要强调的是，如果用‘个性化’去进行基础教育和中国传统书法的传播就是不合适的。”

进一步思考，如何面对“个性化”的不同声音在中国书法艺术整体面上扮演何种角色？中国书法艺术在多元化的现今社会生活中应该扮演何种角色？在此，我想引用画家、教育家潘天寿先生的精彩论述来表达我心之所向：“艺术以最纯净的，至高、至深、至优美、至奥妙的美之情趣，引人入胜地引导人类之品性道德达到最高点，而入艺术极乐之天国。”

美与丑的争论

什么是美？什么是丑？这个事情已经争论多年。要达到完美的统一，大家都有一样的共识，再下去一百年我看也做不到。所以化繁为简来说，美和丑在百姓心中有杆秤，一个作品挂起来看是不是赏心悦目，是不是给人激励，每个人都会有自己的观点，但大众的“审美共性”一定在某些方面是存在的。

王铎曾说：“学书不参通古碑，书法终不古，为俗笔多也。”魏晋南北朝给我们留下很多碑别字，很多年轻的作者、书法爱好者经常用一些碑别字放在自己的作品里，还会强调有“出处”，指明字出自哪个碑。但这并不是“参通古碑”后的“美”的创作，这些字不过是碑别字，并非正字。

清代傅山曾说：“宁拙毋巧，宁丑毋媚，宁支离毋轻滑，宁真率毋安排。”而现在我看到一些年轻人，经常试图将书法“解构”，作品用支离破碎的笔法去处理，我想这也是没能真的理解傅山对于“美”之原意。

到底如何发现具有普世价值的“审美共性”呢？我想到，常有书法爱好者，尤其是初学者问：“杨老师，可以不临碑帖么？我觉得自己写得开心有自己的个性就很好呀！” 我会这样回答：“自己率性写一些，感觉很知足，可自娱自乐，完全没问题。但如果希望让不同的观者，都获得艺术美感的享受，作品就要建立在有‘审美共性’的基础上。”

临碑帖，正因我们学习的是从古至今流传下来的经典范本，是经受了时间考验，符合大众‘审美共性’的，才有可能把经典作为你今后创作的素材和弹药，最终寻找到你自身的创作灵感。正如赵孟頫说：“学书在玩味古人法帖，悉知用笔之意，乃可有益。”

我最基本的观点是，应努力传播中国传统文化中根基深厚、具有“审美共性”的部分。苏东坡说：“故诗至于杜子美，文至于韩退之，书至于颜鲁公，画至于吴道子，而古今之变，天下之能事毕矣。”经典自古有之，我们需时常用经典去引领、教育年轻人，传承中国书法才是可行的。

当然，这个“共性”不能随便强加给任何一个人。在审美意识上，曹植说：“文人相轻自古而然。”曹植说比他还早的时候就有文人相轻，但这并不仅仅是文人相轻的问题，本身达到审美上的统一就非常不易。清朝有一个很著名的书家张照说：“书着意则滞，放意则滑，其神理超

妙，浑然天成。”这个意思是说：你如果太刻板了，这个字就容易俗气，但太放纵了，字就又很油滑。如此看来，这个合适的“度”把握起来确实不易！“兼听则明，偏信则暗”，多读多看多临，总能慢慢明辨出适合自己的“审美共性”。

南北朝的王僧虔关于书论有一句名言：“书之妙道，神采为上，形质次之，兼之者，方可绍于古人。”这前半句话经常被当代的一些书家断章取义，从而去合理化一些“形质次之”作品，但这无疑是一种过于轻浅浮躁的解释。从全句深入理解此言，我们可以看到先贤早已为我们学书指明了方向，关于“美”与“丑”，在每个人心中都是希望“神采、形质”兼而有之的。

当然，因个体感受不同，追求自然不同，这种多元化的观点始终存在。有人评价赵孟頫“俗媚”，自然就有人评价他“美而庄重”。米南宫也曾批评唐代张旭草书是“变乱古法”，同时张旭草书在历史上的地位又被众多人认可。

我们秉承一个基本原则，就更容易在纷乱中有个“抓手”：没有任何传统根基的书法，不能称之为“人类非物质文化遗产代表作”，而只能称之为“别的什么艺术”。我们应坚定不移地继承中国文化优秀的精髓，更应有勇气和责任去纠正那些精神垃圾。

如何更好地进行“个性化”创新

在这里，我还想谈谈一个非常具有“传统性的个性化创新”的例子。我们都知道，中国书法的美在笔法线条与字架结构当中。在国际上享有盛名的艺术家徐冰先生，从九十年代开始，就极具创造力地将中国书法的线条与结构和英文单词结合，创作出了他著名的《新英文书法系列》作品。将英文单词巧妙地放入中国方块字的结构中，并用规整的楷书书之，

这也许不是传统意义上的中国书法，但它却让英文单词看起来和我们规规矩矩的汉字般亲切而有趣。

很遗憾，因为不懂英文，这种字我是看不懂的，感觉有点像西夏文。但我却非常敬重徐冰先生的这种创造和创新，他以精妙的设计将中国书法以最“个性化”的方式传播到了世界各地。让完全不懂中文的大量外国人可以从某种程度上理解中国书法笔法、线条、结构之美，甚至还愿意拿起毛笔，尝试书写这些“方块英文字”。这是多么大胆而有想象力的创举！

当然，我也看到过与《新英文书法》作品相反的例子。在日本前卫派书法盛行时，有些书家将西方抽象艺术元素强加在汉字书法里。

多年前，我接待了一个日本的“书道代表团”，团长表演时拿着一把扫把，准备了一盆水和一盆墨，拿扫把蘸了水和墨，在地上的宣纸上一抖，就“潇洒”地走了。翻译解释说，这是“雨”。我当时年轻气盛，感觉日本人真有些狂妄，我便也拿起扫把，蘸了点水和墨，上去刷了两下。我说：这是“风”，你下雨我得有风。现在想来，这不过是一种游戏，是完全和书法边儿都沾不上的东西，更谈不上日本人强调的“书道”精神了。如果我们用类似这样的创作理念去向世界展示我们中国的书法艺术，那就正如我开始摘录的那段文字所言：“不仅仅是对一国文化的伤害，也是对人类文明的亵渎。”

我们可以做些什么

作为书法文化的传播者、书法教育工作者，我们应该更多去思考社会主流文化在引导什么，宣扬什么，让广大书法爱好者和普通群众更多看到的是什么，这是我们在座每个人都应该关注的问题。

习近平总书记在《文艺工作座谈会上的讲话》（2014年10月15日）上讲：文艺工作者要自觉坚守艺术理想，不断提高学养、涵养、修养，加强思想积累、知识储备、文化修养、艺术训练，努力做到“笼天地于形内，挫万物于笔端”。除了要有好的专业素养之外，还要有高尚的人格修为，有“铁肩担道义”的社会责任感。在发展社会主义市场经济条件下，还要处理好义利关系，认真严肃地考虑作品的社会效果。

我们欣喜地看到，现在已经开始向中小学生普及中国传统书法，书法进入了课堂和教学大纲。我们中国书法家协会也一直倡导“做好中国人，写好中国字”，进行了非常多书法师资的普及教育，这些我非常赞同。

作为较早开始从事书法普及教育的教师，我近些年利用互联网，不断尝试多样化的书法普及教学工作。我的工作室近期策划并制作的“书法教学脱口秀”节目《墨人说》，每集时长十几分钟，用讲故事的方式把平时难以理解的碑帖、展览、书法技法，用最浅显易懂的方式讲透，讲明白。为的是让更多喜爱书法或对书法感兴趣的朋友有机会更快捷方便地了解并走近中国书法这个传统艺术空间。节目在各个网络平台播出后，已有几十万的点击率，我想我们只要找到合适的传播方式，很多年轻人还是非常愿意学习中国传统文化和中国传统书法的。

同时，我在微信公众号上开设了“杨先生讲碑帖”栏目，长期为网友介绍、讲解传统经典碑帖，演示、分析临习方法。另一个“请教杨先生”栏目，是以微信图文的形式解答网友书写过程中出现的问题，并为他们进行书写示范。用网络沟通代替原来纸质书信，不但提高了沟通效率，更可将不同网友的问题与更多人分享。网友热情度很高，每周我都会收到小编给我整理的几十位网友发来的厚厚一摞作业和提问。看到有如此多年轻人对书法的执着热爱和刻苦学习，我每每都怀着欣慰的心情，非常认真地回答、示范、批改他们的作业。

除了固定栏目外，我还会定期举办一些线上的书法展览。线下的书法展固然效果更好，但毕竟受时间和地域限制，可以来参观学习的朋友数量有限。将线下与线上展览相结合是我近些年一直努力的方向，每幅精心创作的作品在网上都会展示出高清的作品图片，完整的作品介绍和释文，针对重点作品，我还会将创作感言进行录音，以语音讲解的方式一并在线展示。一个人的力量虽然微弱，但我相信只要持续不断地努力，对中国书法的传承一定是有帮助的。

我始终相信一句话：主流的东西越昌盛、繁茂，左道旁门的东西自然就没了生存空间。我和在座的每位专家、朋友，有着义不容辞的责任，从我们自身做起，对中国书法之传统美进行通俗易懂的普及是特别重要的。就像王立平先生说的：“不管怎么说，这个字要好看！”怎么把字写好看？这是每个书法工作者应该好好琢磨的。

都说一个人做好一件事很容易，如果一辈子坚持做好这件事就很难。我 76 岁了，之前中国书法传承的普及教育是我一直在做并希望做好的事情，以后我也要继续将这件事好好做下去！

好，谢谢大家！

我的当代书法创作理念

张继（全国政协委员、书法家）

非常高兴跟各位专家、各位先生交流书法。我作为一个专业书法工作者，现在在军事博物馆从事专业书法创作。当然我也画画、刻印等，但以书法为主。今天有机会在这里和大家一起交流，请大家多批评、多指教。

刚才嘉宾提的观点里面，其中有一条就是书法理念。今天我和大家交流的就是我的当代书法创作理念，也是我本人对当代书法创作的理解和总结。

19 世纪 80 年代，就是改革开放之后，书法得以复兴。书法理论界提出了一种观点，就是强调书法创作应该逐渐摆脱实用的范畴，走向真正纯艺术创作，要求对书法作品的形式给予第一关照。这个形式包括外形式和内形式，外形就是作品的外在样式，内形就是作品的点画形式、笔墨形式、结构形式等等。无论内形式和外形式，实际上以欣赏、以审美为最主要目的、首要目的。由于大量的书法家、理论家和美学家的介入，

加之各种出版机构和学术团体的有力推动，让整个书法界对过去的理念开始动摇，从而在全国展开了对审美趋向、创作手段、形式效果、个性张扬、情感表达等各方面的探索。

回顾这几十年，特别是改革开放40年来，人们在广泛开发传统资源的同时，不断注入新的元素，寻找符合时代审美的形式语言。作为书法人，这是我几十年来做的主要工作。因为现在书法很大程度上摆脱了实用，我们不能再完全用实用观点去看待它了，各种形式、各种效果、各种风格都有了存在的空间。作为一种审美效果，大家都在做这方面的探索。可以说，当代审美的变化、书法本体的驱使、现代科技的推动、展览机制的引导、理论研究的影响，使得书法艺术达到了中国历史上的又一个高潮。

当然，由于对艺术作品表现形式的不断强化，引发了一些新的问题。比如说刻意性、肤浅性等，有的作者为了参展、为了出新，他就糅合，把好多家糅到一块，希望自己的作品和任何人都不一样。是啊，展览评选，如果写得都一样怎么评？不能一个展览都展出来一个模式，如果这样这个展览就是失败的。大家希望看到的作品是百花齐放、丰富多彩的，但关键是要融合得深刻而自然。

在这种情况下，我们不得不反思过去、调整观念、厘清思路、确立方向、从而寻找措施，开创未来。下面我从十个方面来谈一谈对书法创作的理解。

第一，务求品位。品位本身的含义是矿石当中所含有用元素及其化合物的百分比。百分比越高，这个矿石的品位就越高。我们是否可以这么理解，一件作品的品位高低，就看含的经典元素多少，经典的成分越多，品位就越高？所以，对经典的追求、学习就成了每一位书法工作者的必经之路。深挖经典，就是为了让我们的作品品位更高，但是对于经典的理解，我还想简单说一下，到底什么是经典？其实经典具有变化性，

也就是说，在过去某一个时代是经典，但是随着时代、历史、审美的变化，后来大家认为不是经典了，这是因为整个社会变化引起的。

第二，深挖传统。这是学习书法的不二法门。如果有人问，我们学习书法不学传统行不行？我的回答是不行。仅仅作为自己消遣可以，但如果你想在书法方面取得成就，或者说想成为书法家，那么随便写写是绝对不行的。必须学习传统，必须深挖经典，这是我们对传统最起码的认知。前人说过，要用最大的功力打进去，就是打入传统，还有用最大的勇气打出来。不入虎穴焉得虎子，你就没有进入虎穴怎么得到虎子呢？当然也有深入虎穴，不但没有得到虎子，就连自己也没出来，这又是另一个问题了。

第三，广涉诸艺。我们常讲，书画同源，还有书法和诗词的关系，书法和其他艺术门类的关系，它们之间都有关系。刚开始学习书法，我们可以把精力集中到一本字帖或字体上，但是到了一定程度，单打一就上不去了。所以要广泛涉猎，有了金字塔的底座，将来这个塔尖才能很高，把基础打宽厚、打扎实。其实各个艺术门类到了一定程度都可以借鉴学习。他山之石，可以攻玉。虽然隔行如隔山，但是隔行不隔理，不管学什么，都可能对书法有帮助。

第四，超越技术。如果把书法降低到最基本的技术层面，即拿着柔软的毛笔写出非常有力度的汉字。怎么把这个毛笔操作得让它听话，就像社会上其他门类操作工具一样，完全自如地驾驭它。如果连这个书法工具都掌握不了，也就是说起码的技术问题都没有解决，就很难上升到艺术。书法是由技术到技巧，由技巧到艺术的过程。通过不断锤炼，熟能生巧，再将综合修养融会贯通，最后方可上升到艺术层面。另外，我们现在提倡书法家学问化、学者化，需要书法家要有学问，不能没有文化。但是反过来说，如果我们天天做学问，不练技巧，那也不是书法家，

最多是个学问家。所以，作为书法家首先要在技巧上要过关。古人说：随心所欲，不逾矩。这就是超越技术的表现。

第五，关注时代。前边讲到了传统，现在讲到时代，然后还有两个字，就是个性。传统、时代和个性共同构成书法艺术创作的三大要素，这三方面缺一不可。既要有深厚的传统基础，又要有时代精神和时代审美。所有艺术门类都会有时代的痕迹，都会打上时代的烙印，这就是艺术当随时代，笔墨当随时代。我们把时代精神、时代文化、时代特征怎么潜移默化到书法创作之中，这是一个重要的课题。那么，时代是什么？书法里面什么是时代？这里讲的是笔墨，不看文字内容，这个笔墨如何表现时代，可以说是非常抽象的，所以说要多体悟、多研究。

第六，融入个性。没有了个性，实际上就没有了风格的基础。风格可以说是一个艺术家或者一个书法家的最高境界。历史上绝对不会留下没有风格的艺术家，他和别人写的一样，画的一样，还把他作为大师留下来，这是不可能的。历史源远流长，只有真正有成就的艺术家，有风格的艺术作品才有可能传承下来。但是风格的前提首先是有个性，而个性又不完全等同于风格。和别人不一样的就叫个性，在个性的基础上再融入了对传统的理解、对时代的把握以及综合修养的渗入，最后才有可能形成风格。

第七，立足原创。前面讲到过，现在我们的书法环境变了，参展作品基本上是作为纯艺术欣赏的，实用放到次要地位。如果仅从实用出发，没有风格也没有关系。但作为真正的书法家，没有风格是不行的。而风格是在原创基础上升华出来的，没有原创就不可能出现风格。现在书法界有跟风一族，比如说这个人获奖了，几个月后的展览就有一大批跟这个写得差不多。还有某某是评委，也会有一大批跟这个评委写得很像的。这里就缺乏原创。所以原创作为一个艺术家是最可贵的品质，但是原创

并不是闭门造车，它是在经典和传统基础上发展起来的，有自我性和独立性，有自我探索和追求。原创也是艺术家的一种美德。

第八，探索形式。现在为了参加展览，为了使作品能够夺人眼球，能在数以万计的作品评审当中引起观众的注意，有些作者就开始不择手段。几年前，我参加了一个全国扇面书法展的评审，稿件必须是扇面，团扇、折扇等。就这么一个扇面展，就能搞出意想不到的样式。当时评委们就开玩笑，说只有你想不到的没有你看不到的。有些人为了外在形式的视觉效果，根本不顾扇面本质的属性，结果刚进展厅把你吓一跳，最大的扇面比双人床还要大，这还是扇面吗？有的在一个巨大的扇子里面套八九十个小扇子，就是为了求奇求怪，还有点投机取巧，感觉过分了。对于形式我们可以探索，可以在传统基础上加上自己的思想，加入对当代书法意识的把握，创造一些相对比较新颖的效果，但是不能偏离了主题。

第九，考究文字。文字是中国书法很重要的媒介，没有文字就没有书法。不管笔墨搞得多么新鲜，多么有个性，前提是不能脱离文字。如果文字出现了问题，比如说出现错字、别字，语句不通等，还有内容的思想问题，这些都是硬伤，在当今重要的展览中是难以入选的。每一次严格审查参评作品，都会发现一些这类问题。有的作品马上就要进入获奖范围了，结果发现了非常不应该出现的文字错误，不管笔墨再好，这个作品肯定是不能上的。也就是说，现在对于文字的把握和要求，是一个重要的、不可忽略的方面。所以文和墨之间的关系也是艺和文之间的关系，应该做到艺文兼备，文字修养本身也是文化修养。当然也有一些古人用过的字，比如俗体字、碑别字，实际上是不规范的，我们现在可以从书法艺术的角度去学习借鉴一些元素，但结构不可完全照搬。文字问题应该慎重，现在有些作者由于理解不够，所以在这方面出现了不少问题。

第十，物化学养。一个艺术家能走得多远，最终拼的是文化，拼的是综合素养。过去历史上大的书法家、艺术家都是在文化方面有很高修养的，都是学问家，现在我们在这个方面欠缺的比较多。尤其是现在的青年作者，虽然存在方方面面的原因，但是我们对于书法的要求不能降低。功夫在字外，越是往前走，这一点就越显示出它的重要性。

当代书法创作已经取得了令人振奋的成就，但是我们脚下的路还很远。可以说当代书法家及书法艺术的追随者无疑都赶上了历史上最好的时代和时期，套用当代流行的一句话：既是机遇，又是挑战。如何让我们无愧于这个时代，无愧于人民，是每一位有志于书法艺术工作者一个最重要的课题。

传统就在当下

王守常 （北京大学教授、中国文化书院院长）

谈点我自己的想法，其实我不是什么书法家，可以说是个写字的人吧！

我开始用毛笔写字的时候，还是“文化大革命”初期写大字报的时代。那时我是朝阳区80中高二的学生，学校的老师也都受到了冲击批判，大字报贴满学校。我们班的学生认为绝对不能批判我们的班主任，他是刚刚从北京师范大学物理系毕业的大学生，像我们的大哥哥，为了维护这个可亲可爱的班主任，我们几个同学开始写大字报，对抗那些诬毁之词。满墙的大字报我写得最多。那时候我开始学会用毛笔写字了，但仅仅是用钢笔字的笔法写。1968年到黑龙江瑷珲插队，闲来无事找来废报纸，用毛笔抄写还记着的唐宋诗词。有一次我抄写了一首杜甫的诗，但具体是哪首已记不清了，只记得其中有两句：腹中藏书千万卷，不肯低头在草莽。结果被人揭发告密为不安心边疆生产，抗拒改造。因用毛笔写字，引来他人嫉恨，何患无辞！大概由这件事起，每当我用毛笔字表达什么

东西时，心中总有点忌惮。

70年代以后，我在北大读书任教，住在镜春园与季羡林先生、金克木先生、邓广铭先生、宗白华先生、张中行先生、王永兴先生、周辅承先生等为邻，他们人品与学养给我了莫大的影响。今天不谈他们的学术思想，不揣冒昧，只简约讲一讲关于他们写字的趣事。在我看来，这些先生在30年代都已经是饱学之士，应该都常用毛笔写字。但那时候听张岱年先生说他从来没用毛笔写过字，只是学生非让他题个字才提笔写的，那根本不是字。在张岱年先生看来，书法是很高洁的。季羡林先生有一次送我一幅字，并自嘲说老了还成了“书法家”。90年代，我和两位朋友编辑了一本《学人》杂志，我去启功先生家求题签，先生欣然答应，提笔写了“学人”两字。后来江苏人民出版社的编辑（忘记其名）建议用礼器碑集出的“学”“人”两字，我们也觉得很有法度，符合刊物的宗旨。我再去先生家，说明未用先生的题字，请先生谅解。先生说从礼器碑中集“学”“人”这两个字好！把帖中本不相关的两个字放在一起组成“学人”这个词，既有隶书的用笔法度，又破了隶书的行间距离，“人”字那一撇真是妙不可言！先生所言极是。启功先生、虞愈先生、欧阳中石先生、梁披云先生都是学者又是书法家，在中国文化书院的导师里甚为推崇。冯友兰先生、季羡林先生、周一良先生和那时还年轻的庞朴先生尽管书法造诣很高，大家也没有称其为书法家。汤一介先生说用毛笔写字太难了，从来不敢用毛笔写。八十岁以后，应学生恳求，先生也用毛笔写了几幅字，其字不功，韵味十足。我常常想用毛笔写字入门很容易，门槛不高，但要想真把字写好那可需要花功夫去读帖、临帖。这还不够，陈石曾先生归纳文人书画家应具备四个要素：第一人品，第二学问，第三才情，第四思想。陈先生对书画家的要求也是我们的品鉴标准。所以我们看现代书画家能具备四个条件的恐怕凤毛麟角。

今年是五四运动一百周年。五四运动作为反帝反封建运动，在中国近现代史上有着不可低估的作用，也是中国在新时代发展的一个基点。

一百年过去了，我们再思考五四运动给我们留下的文化遗产时，可以深思一下，哪些东西是要继承？哪些问题我们要慎思明辨，不能讹以传讹。

我在想一个问题，即现代和传统问题。我们过去一直有一个思维定式，就是把传统当成过去，把现代当成当下。故五四运动以来，“打倒孔家店”的激进思潮时至今日不衰。

但是，在五四时期有些学者反传统并不是真的要把传统推翻。其实，他们只是一个时代或者一个策略的说法，如《进两步、退一步》文章中说当国事衰弱时，我们不讲文言，待国事安定时我们再重新整理国故。鲁迅先生反传统中批评中国传统绘画，画了几千年的山水画里面只画了那么一个小人，跟达·芬奇对人体骨骼的理解和写实的描述差得很远，但他的学术工作中却有《中国小说史略》《嵇康集校释》等，说明鲁迅先生对中国传统文化的重视。当然，还有很多知名学者持有这种思想。这些例子转而影响了社会思潮，认为一定要离开传统我们才能现代化。

我个人理解，五四的问题产生原因是我们认为中国文化落后于西方文化。其实，不是文化落后于西方，而是长期以来农业文明生产方式落后于西方工业化生产方式，才造成了某些知识分子的认识影响了全民。后来我们经历了改革开放，取得了经济的巨大成就。我们就开始走到另外一个角度了，原来是妄自菲薄，现在变成妄自尊大。我们至今还没有理解五四运动的根本问题，到底文化落后西方吗？不是！是我们农业生产方式落后于西方工业化生产方式，这是我理解的第一个问题。

第二个问题，传统是过去，现代是当下，两者真的那么对立吗？不是的！美国哥伦比亚大学的希尔斯教授80年代出了一本《论传统》，他

的论述非常详细，他说传统不是过去，传统就是当下，传统是一个时代与一个时代的连接点，传统不断催生一个新的时代，传统仍然具有强大的生命力。

我们在讲艺术和书法时，经常强调传承。有些人连传承的内容都不理解，根本就没有办法传承，你又如何还要创新呢？这是无水之源嘛！如果各位讲最早的书法实用性包括什么呢？包括记事的字条，亲属写的书信，郎中开的药方。所以，长久以来形成帖学。最初的碑学字主要用隶书与楷书，唐后有行书，甚至还有行草书。这些书法常识应该有所了解。今天的书法可能要更多关注一下中国文化的传统，否则如何返本开新？

五四运动以后，我们很多的概念被颠覆，甚至也没人能说清楚。举个例子。这个“和”字，老百姓的口号里就是“和为贵”，但是孔子讲“礼之用，和为贵”，那个“礼”不是仅仅我们今天的礼貌之意，而是制度设计，君君、臣臣、父父、子子。我们常说“是可忍，孰不可忍”。它前面那句话是：“八佾舞于庭。”作为迎接宾客仪式，天子用八佾，八佾就是每排八个人，用八排的仪式。诸侯用六佾，你用八佾即是僭越之举，当然要遭到孔子的“是可忍，孰不可忍”的斥责。

前面讲到“和”字。历史文献里的“和”字，特别强调是多元化差异性的东西集合。那为什么儒家讲它？是因为儒家与墨家在春秋战国时代是显学，两家争论非常激烈。墨子就有一篇文章《尚同》，其意是告诉统治者如何治国的，即是统一思想、统一意志，一级一级向上认同，认同到天子那里，国家就好治理了。儒家强调贵和，墨家注重尚同，这就是春秋时代的“和同之辩”。儒家讲“君子和而不同，小人同而不和”“和实生物，同则不继”。和同之辩在汉代的《后汉书》也有记载，如“得由和兴，失由同起”，自然界兴旺，人类社会得失，都由“和”与“同”的两个元素主宰着。

我们举一个战国时代的小情节。齐景公和他最好的近臣与国相晏子的对话，景公问：我和我最喜欢的近臣，是和的关系，还是同的关系？晏子说：你和臣子的关系是同而不是和。景公说：什么叫同的关系？晏子答道：君说是，臣就说是；君说否，臣就说否。也就说景公说对，近臣就说对，你说错，近臣就说错。这叫同。景公再问：如果是和呢？晏子答：君说是，臣说否，臣可以不赞成君的意见。在我们传统社会政治生活中还是很推崇诤臣的。 各位看到这段史料，在 3000 年前那个时代，我们就有孟子的“民为贵，社稷次之，君为轻”的说法了。这就叫作民本主义，用现在通俗概念叫民主初心。我们要允许不同思想、不同的意见存在。当然，我们在现代政治生活中又加进了民主集中制，使政治决策更合理、更有效。

今天时间有限，我就不讲“一分为三”的中国传统思维方式，有兴趣的朋友在百度查“庞朴先生对中国传统思维方式的概括：一分为三”。

谢谢各位！

以画入书是书法创新的一条途径

林阳　（全国政协委员、人民美术出版社总编辑）

今天听了上面各位先生的演讲，我很受教。

1666年前的今天，王羲之在他的老家会稽兰亭组了一个局，邀请众文人流觞曲水，共同写诗，王羲之为此写了一篇序，这就是《兰亭集序》。《兰亭集序》作为古代范文，入选了《古文观止》，这篇文章我们上学都必须会背。今天上午是《三贤集》的研讨，研讨的是诗文，下午探讨的是书法的问题。感谢远集坊的精心策划，因为《兰亭集序》是王羲之用毛笔写成的书法作品，被誉为天下第一行书，这个书法作品名气比文章还大。

今天的题目是：《我谈书法》。这个题目很宽，好谈，但也有问题。

我现在在中国美术出版总社做总编辑，天天和书画打交道，从2005年做副总编辑算起，我已经做了十几年的编辑出版管理工作。

先谈谈我小时候是如何学书法的。我自幼随着爷爷学书法，在我那个年代，很少有人在幼时学书法，因为那时的条件远不像今天这样好。

我爷爷在历史博物馆工作，是专门写图片说明文的，写出来的是很标准的楷书，我们今天叫作馆阁体。在我心中，当年爷爷的字比红模子还好看，像今天的标准电脑楷书。三年困难时期刚过，大家还不富裕，爷爷那个时候开始教我写字，从幼儿园回来，每星期天写一篇，写好了，奖励一分钱。笨鸟先飞，就这样，我和书法结下了不解之缘。

今天我想谈什么呢？关于书法我写过十几篇文章。作为今天的大学书法教授来讲，给学生开题应当是比较难的事，题目不重复太难了，你想得到的大家几乎都写过，论文内容还有核查重复率的问题，特别难。我认为，如果你一辈子研究一个领域，有一两点别人没有谈过的心得，就是不得了的事。在此，我有两点比较深的体会，这两点以前大家没有讲过，或者较少讲过。第一，是以画入书；第二，书法形态与管理者的关系，就是做管理者怎么研习书法。我有一本小书即将出版，《以画入书——换个角度看书法》，文章也收录其中。今天时间不多，我主要谈第一点。

三十年前，书法界曾流传着一种说法，说书法中有三种字：书家字、画家字、学者字。意思是说，书家字是传统的书法继承者，画家字是在用笔和字体结构上多注意画意，学者字是指不常习书法而又有修养的字。这样的说法在今天已不被注意了。画家字的特点就是以画入书，我以为，以画入书在今天仍是书法创作的一个途径。

在70年代初的时候，北京有个叫张正宇的艺术家，现在许多人都不知道他了，他是张光宇的弟弟，才华横溢。当年我父亲带我去过他的家，他的家里常常宾朋满座，尤其是周末，大家向他求字，他就在那里写。我那会儿十四五岁，不大懂。看见张正宇用长锋捻转，字是篆、隶、楷、行、草随意安排，这在当时对于北京文化界的冲击力非常高的。后来黄苗子的书法受他的影响，我印象当中有篇文章是黄永玉讲的，他说黄苗子学张正

字纯粹胡说八道。因为我专门写过黄苗子，黄苗子的确曾经说过，他受到张正宇的影响。在20世纪60年代的时候，黄苗子的字非常规矩，我见过不少，70年代以后，黄苗子书风大变，形成他独特的篆书，他的篆书最大的特点是带有画意的字，所以在那个年代，以画入书已经成为一个时尚了。我父亲林锴也应当是画家字的代表，沈鹏先生的书法有画意，他虽然不画画，但他长期从事美术编辑工作，对视觉艺术有着独特的见解。

在国画界，以书入画是个标准，没有人不谈的。所以这种文章多得不能再多了，为什么叫以书入画？画家，尤其是国画家强调要把书法线条的质量引到绘画当中，所以这个论述非常多。我反过来说，我们直到今天没有书法家论述，是不是应当以画入书。不管是绘画还是汉字书法，都是线条、造型，再加上布局，但是书家似乎一直视而不见。以书入画到什么程度？我父亲是黄宾虹、潘天寿的学生。当年的黄宾虹是不受欢迎的，他是被边缘的对象，不像今天是显学。黄宾虹他自己说过，50年以后他的作品才会被人接受。他是1957年去世的，人民美术出版社在1962年就出版了黄宾虹的山水画册，推动出版的是邹雅，他当时是副总编辑，如果不是他，恐怕这个时间还要推后10年、20年。

我父亲告诉我，当时黄宾虹对他们说过一件事，他将家里所有画家的画卖掉，换成书家画的画。父亲与我说这件事的时候，我很惊讶，所以印象特别深。今天我们不一定要卖书家的字，换成画家的字。我只是想说，我们的书法家要怎样从画家那里汲取你所要的东西。一个汉字是有限制的，不允许任意加减笔画，但一个字的审美是固定的吗？究竟这个横是高好看，还是低好看，应当是长还是短，是绝对的吗？一个字的审美构成，如果从美术角度去看，确实有不一样的地方。古人走过来都有自己的思考，自己的路径，有时代印记。一代又一代人，他们的思路、思想、美学观点，形成一个固定的程式化的审美，再破，形成一个新的

程式化的审美，再破，再立。我认为，80年代中国书法发展在一定程度上是流行风打断了由画家推动书法发展的进程。今天，很少有专业的画家在书法上下那么大的力气了，因为画家的画价远远高于书法的价格，看看绘画作品的题款就可以知道了。字形的审美创新比绘画更难，画家们没有必要在字形的创新上下更多的功夫。所以今天画家的字能成为书法家大家的很少。

反过来我要强调，我们书家一定要知道这个字的解体、布局，包括布白都是审美范畴。举个最简单的例子，画家画兰花、兰叶，一条一条画上去，它中间线不能搭的，这两条并行的线中间一定有空隙的，它里面不见得全部是白的，它也可能是灰的，黑白灰之间的搭配成为一种审美。如果拿尺子打比着写中国的“中”，中间两个白是一样大小的长方形，美术字可以这样写，但是书法能这么写吗？这两个空白肯定不能写成相等的两个部分。比如说左边的白是长方形，右边就要变成五边形，也可能变成三边形，或是一块灰色的宿墨。线之间的布白，色块之间的虚实变化，包括宿墨的变化，等等，这些本是画家强调的东西。所以，我认为书家应该学美术，以画入书。

元代赵孟頫曾说：“盖结字因时相传，用笔千古不易。”讲的是笔法变化不大，字的解体可以因时代审美而有自己的变化。

我在人民美术出版社工作，最大好处就是看这些艺术家前辈们是怎么走过来的。你说这个字有画意，为什么？他怎么表现出来？他怎么想的？以画入书，书法创新的一条途径。

书法艺术的最高境界

黄君　（书法家、诗人、评论家）

很荣幸有这个机会来发表我对书法的一点体会。

书法作为我们中国人最热爱的传统艺术之一，已绵延了几千年，深深地浸入了中国人的心灵当中。王立平先生刚才所说的就是一个典型的例子。他作为一个音乐家，能够对书法有这么好的理解和把握，真的很难得。我从书法的角度去理解，他其实就是把音乐转换到了纸上，关于书法有这样一句话，书法就是纸上的音乐。这样，我们就能够理解为什么不同的人、不同的专业背景的人依然可以对书法艺术如此地痴迷。

我的书法生涯包括创作和研究，时间也将近40年。我有很多方面的体会，我今天给大家分享一下我其中一方面的思考，就是关于书法这一个大的体系，我有一种新的分类。

我给大家报告一下。按通常的情况，我们写书法的人都按照篆、隶、楷、行、草这样几种字体来分书法的类别，而且这个确实是中国书法几千年的演变历史，也是这么一个基本状态，先有了大篆书，后来有了小篆，

在以前就算是古文字，之后就有了今文字，在秦国统一以后今文字又演变成了隶书和楷书，还有草书、行书，这确实是历史已经形成的基本分类。

但是，我从书法创作和研究的实践当中发现，仅仅按这样一个体系去分类书法还是很不够的。有很多相关的问题，已经跨越了书体的界限，而是另有规律地在那里存在着。当一个书法人在写字或者在从事书法创作的时候，他心里所要想的、所要追求的目标是什么呢？我从这个角度去重新审视并分析了书法。20 世纪末，我在《书法创作引论》这部著作中第一次采用现代心理学的说法，从书法创作者的心理追求，对书法进行了全新的分类。

我认为整个书法历史，存留下的“作品”是一个庞大的体系，但如果从作者心理追求的度去分析，我发现可以分四大类或四个层面，我把它称之为四种审美境界。这是我给书法的一种新的分类。

首先，第一类叫作趣味性书法。我们是从书写者的心理因素来分析，有很多时候，我们写书法的朋友，他就写字没有什么功利的计较，我不需要什么，我就觉得好玩儿，我写字的目的就是一个玩字。这个时候，他笔下表现出来的，他反映出来的现象就是他不需要遵守很多的规矩，他不愿意按种种严格的方法去写东西，他写出来的东西往往就表现出一种不计功利的趣味性。毛笔在中国书法当中是功不可没的，书法人其实就是因为掌握了使用毛笔的技巧才演绎出许许多多的奥妙来。历史上有很多书法人就是追求某一种形式上的趣味性。比如说写鸟虫书，这种现象就是非常典型的，这就是我所说的第一种类型，趣味性书法。武则天还存留下来一个无字碑，无字碑下面就是那种鸟形的篆，有什么哲学的背景？没有，当然话说回来，春秋战国早期的鸟虫书不是趣味性的，那里有很多宗教讲究的技巧。

第二类叫功用性书法。我们的书法是从书写汉字这个功能演绎出来

的，所以它离不开一个功用性，我在这里加了一层因素，那就是这个功用的功是加了功夫在内的。比如说我们刚才说的所有书体，篆、隶、楷、行、草，哪一种书体都有一个规范，楷书有楷书的笔法，篆书有篆书的笔法，先秦的、上古的、西周以前的篆书和秦以后的篆书又不一样，用笔的方法都不一样，那么每一种书体都有一个规约，这就涉及一个功夫的问题。谁在这里下多大的功夫，他写出来的字就会反映出相应的功夫层面，这当中就会有很多的快乐。就古人来讲，这就是写一个公文或者实用的东西，但是有讲究，你得把它写得整齐、美观，不同的时候还有不同的讲究。比如，明清时候出现的馆阁体书法，讲究功夫到位，不求个性风格，不论或董或赵，一律要乌、光、黑，这就是当时馆阁体的一种功夫标准，你不按这个标准去写，人家不认可，历来写书法很多时候就是这种功夫字的演绎，中国历史上的书法传统有很多属于这样的类型。

第三类是理念性书法。通俗地说，这一类书法指的是书法人写字的时候形成了某种审美理念，并在这个理念支配下从事创作。就书法历史和当今书法艺术的角度来说，理念性书法又可作二级分类，细分为自然审美理念、个性审美理念和现代审美理念。自然审美理念，这个应该说是我们中国书法的一大宗，因为我们的汉字是从自然、宇宙、天地万物的形状当中提炼出来的一种形象符号，记录日月山水、天地自然以及人心形象、人身体的各个部位，它具有象形的基础，因为有了这个象形的基础，所以我们在写这些形状的时候，一笔一画写字的时候，它就跟自然形成了对接呼应。

所以古人就说，一点如高山坠石，一划如千里阵云，一撇如柳叶，一捺似大刀等，不同的体形、不同的形状有不同的比较，这就是一个表现。这种理念实际上把中国书法演绎得很远、很深。魏晋南北朝时期将这种书法理念演绎到了一种最佳状态。大家熟悉的王羲之的《兰亭集序》，

就是自然审美理念支配之下所产生的伟大的作品，大家分析《兰亭集序》时无不佩服两个字：自然。自然是什么？它具有很大的韵律感，也有很大的丰富性，但又不相同。就像一棵树上有一万片叶子，没有两片是相同的。王羲之写那么多的“之”字，没有一个写得完全一样，但他又不是刻意为之，他因为功夫烂熟于胸，物我融化，在那个特殊的背景下一气呵成，做到了自然天成。如何写到自然？这是书法里面一种很高的境界。

理念性书法的第二类是个性审美理念。这种理念在整个中国书法的历史上产生的时间比较晚。前面说的自然审美理念是一大宗，老早就有，魏晋南北朝是一个高峰。那么个性审美理念，是作者在书法创作当中想体现自己的个人特色时所形成的书法。在书法中明确追求个性风格是汉魏以后的事情，到了后来唐宋时期又得到了一个升华。唐代李邕说：似我者俗，学我者死。你不要学我，你学我不好。到宋代的黄庭坚更是说：随人作计终后人，自成一家始逼真。这就提出了明确的学术观点，要自我表现，自成一家，就是要有个人风格。而这个个人风格从哪里来，古人优秀的书法家他的个人风格还是以自然审美理念作为基础的，丢掉这个基础还不行，只有在这个基础上才可以形成个人风格。

所以，中国书法在唐代以后，个人风格这个现象非常明显。你看宋代以后的书法家，哪怕是当时写得很好的，但是因为他的风格不够突出，在历史上的地位就不够高。反过来有一些字，尤其是明清之后，如果按照传统的功夫去考量的话，好像不怎么好，但是它的风格很独特，表现出书写者个人的心情、思想当中某一个方面。比如说扬州八怪、郑板桥都是这种情况，这就是个性风格在中国书法史上非常明显的现象。它已经形成了很多经典，我举一个典型的例子，就是黄庭坚，黄庭坚是个性化创作当中的第一个大家，你看他的作品，风格那么强烈、独具一格。

还有就是现代审美理念，这个更晚了。现代人学习哲学跟西方哲学

相结合，我们中华传统的哲学观念和现代审美相结合以后形成另外一种东西，就是有时候喜欢用笔墨形式去表现某一个时候的某一种想法。比如，日本一位书法家手岛右卿，他曾有感于传统人文精神的衰变退化，创作了“崩坏”两个字书法，曾经20世纪40年代在欧美展览，引起很大的轰动，他这幅作品是怎么写的呢？就是用笔墨形式营造了一个像自然现象的那种崩塌的效果，这种创作后来演绎得很快很广，中国早期写的人不多，改革开放之后写的人多起来了。用一部分的笔墨形式写一个字，或者写一个短语来表现出一种空间，这种空间设定了某一种思想，这就是现代审美理念。

最后说一下心性情感表达，这是我所作书法分类的第四种类型。

情感表达是任何艺术中的共性，我认为这个在自然审美理念当中，因为书法在自然和心灵中形成了一个桥梁的作用，这个笔墨在中国人眼里，你写粗了、写细了、写壮了还是写软了都有不同的心灵反映。有了这样一个基础之后，书法就能够抒情达意。没有哲学和美学这个原理它是达不到这一点的，事实上中国书法至少是在将近2000年的时间里形成了这伟大的洪流，就是抒情写意，汉代扬雄说：书者心话也。我特别佩服扬雄居然在那么早就把这个哲学提了出来。学术界有人认为扬雄当年所说的“书”不是指的书法，指的是字。这我同意，但我要补充说：在扬雄那个时代，字就是书法，因为那个时候没有印刷体。所以扬雄所说的这个书已经包含了我们现在理解的书法。细说还有很多话，我有专门的论文讨论此事。

早在汉代，扬雄就能够把书法和心灵融为一体，说出“书为心画”这样的真理。所以在中国书法历史当中，抒情写意成为一个非常了不起的传统。举一个典型的例子：唐人虽然非常重视法度，但典型的《祭侄文稿》，还有唐人的草书，都是抒情写意的典范。当然，这个事情还是

到了唐宋以后才形成一个非常明确的趋势，应该说汉代以前抒情写意的现象是不够明显的，尽管春秋战国时就有那种简牍体的草写，也似乎很率性抒情，但是跟抒情写意理念还是不一样。这里我想设定一个标准，所谓能够达到抒情写意，必须心情和笔墨形式有一种对应的关系，而不是相差，作为现代的书法家还要加上一条，跟古人对接。有时候心灵和文字内容应该形成统一，我们当今的书法家有很多时候不太注意这一点。所以我在这里就强调，当书法的文字和心灵世界达到吻合，然后通过笔墨形式表现出来，才是抒情写意作品的最高境界。在我看来，只有笔墨形式、文字内容与作者心性情感、审美理念，达到完美统一的书法作品，才是书法艺术的神品、极品，这样的作品历来不会（也不可能）很多，但却是整个书法史的灿烂之星。

今天，书法已经成为一门独立的艺术，我们应该去这样思考和努力，当今已经有很多书法家在这一方面努力了。我相信书法今后一定会有更加辉煌的未来。

第三讲

阅读的态度

主讲嘉宾

阎崇年　白岩松　唐家三少　魏玉山

主持嘉宾

阎晓宏

特邀嘉宾

鲁景超　李　俊　肖启明　王　平　赖名芳　张　贺

文　蔚　叶文芳　许　青　贾　磊　王娇妮

阅读的态度

阎崇年　（著名历史学家、《百家讲坛》开坛主讲）

一年一度的世界读书日马上就要到了。远集坊第 20 期主题就是“阅读的态度”。我就说一说读书吧，因为阅读的范围很宽。

我觉得人生有三个永恒的主题，就是：读书、康寿（健康长寿）和爱情。康寿和爱情是需要智慧的，也是需要知识的，而智慧和知识的一个重要来源就是读书。

为什么让我今天在这儿来讲读书呢？我想主要是给我一个学习的机会，而且让我抛砖引玉，我就联想到我的读书经历。我 5 岁就开始认字、写字，后来就慢慢地学着读书了。我的外祖父是私塾的一个教书先生，他本来是想考进士，后来科举考试废除，这条路就中断了，所以他就教书了。民国初年，他就在当地的一个小学里担任校长和老师。所以他就影响着我的母亲。我小的时候，母亲就千叮咛万嘱咐要我好好读书。小的时候也不懂《三字经》，“人之初、性本善”。学写字，毛笔也拿不好，写“天地玄黄”等，也不懂是什么意思。后来，字认得多一点，就开始

去读一些简单的书。

我一算，从5岁开始读书，到现在80年了，很惭愧这80年书读得很不够，也读得很不好。读书的态度太重要了，我经常看一些媒体报道说阅读是“悦读”，喜悦的悦。读书是阅读之中用来苦读，十年寒窗，读书是一件苦事情。读书方法，有人说是泛读，陶渊明好读书，不求甚解，是泛读。但是也有人主张精读，比如说宋太祖的宰相，叫赵普。赵普一辈子几乎重点读一本书，就是《论语》。他前半生就是读了半部《论语》来打天下，后半生是读了半部《论语》来治天下。我们今天所说的“半部《论语》治天下”，就是源于《宋史·赵普传》。我说读书苦也好，乐也好，泛读也好，精读也好，各有各的道理。关键是在读书的态度，读书的态度和方法与读书的目的都有直接关系。

我初步地概括了一下，主要有六种不同的读书态度：

第一，是功利型读书。在科举考试时代，一些士子们读书从五六岁，七八岁就读书，想要考秀才、考举人、考进士，一般的人大概30岁到40岁之间，优秀的、幸运的一部分人可以考取进士，个别优秀的是18、19岁就可以考取进士，这些人都是出类拔萃的，这些人读书主要是为了功名。

比如说，宋真宗赵恒有一首《劝学诗》，大家都很熟悉。这首诗说的是赤裸裸的为了功利而读书，他说：

富家不用买良田，书中自有千钟粟。

家居不用架高楼，书中自有黄金屋。

娶妻莫恨无良媒，书中自有颜如玉。

出门莫恨无人随，书中车马多如簇。

男儿欲遂平生志，五经勤向窗前读。

勤奋读书是为了功名，为了千钟粟，为了黄金屋，为了颜如玉，所以，我说这个是赤裸裸的功利型读书。民间也有这种情况，包括我们现

在的学生，拼命读考试前的辅导材料，就为了考一个好成绩。有些人旅游看参考的资料，也是一种功利性。股民读炒股的书，也是为了炒股发财。年轻的妇女怀孕之后，拼命地读育儿的书，也是为了特殊的目的。功利型的读书，我觉得得从两面看：一面就是有副作用，就是为了个人的功利读书；另一方面也是为了中华文明的传承和发展。

第二，是励志型读书。功利型读书重点是在学生时代，考上进士，入职了，分配一个县令也好，或者是主事也好，就进入到职场了，这就面临着一个社会角色的转换。怎么适应新的情况，就是励志。今天我们上学，小学、中学、大学、硕士、博士毕业之后，进入到职场又面临着这个问题，所以励志型的读书对这个年龄段的人来说，是带有普遍性的。我问过书店，你卖什么书最多？回答是励志型的书最多。我也问过出版社，什么书最好卖？回答也是励志型的书比较好卖。很大一部分中年和青年就要读励志型的书。

读励志型的书，有时候我就想，比如说哥伦比亚的加西亚·马尔克斯写的《百年孤独》，我也特意买本书来读了。里面讲道：神话传说、历史故事、宗教营养，还有特殊的文化场景。我觉得完全是一个崭新的世界，我所不了解的。读了之后觉得很开阔眼界，拓宽了知识。再比如说《狼图腾》，《狼图腾》我听说卖得非常好，我问过，说主要是职场的青年和中年，从《狼图腾》中学习职场的规则、职场的精神、职场的方法以及处人待事的经验等等。那么这一类的书都和励志型书有直接的关系。但是实际上我想要说的，就是和夏天吃冰激凌一样，你吃冰激凌是挺好的，但是一年四季都吃，吃多了可能会伤胃，就不好了，就需要全面的均衡的营养，这是其中的一种。

第三，是愉悦型读书。我把它叫作休闲型读书，休闲型读书就到了人生的第三个阶段，就到了“知天命”的阶段，六十耳顺之年，到了

七十随心所欲之年。五十、六十、七十岁，这个时间相对来说，没有职场那么紧张了，可以静下心来，有一点时间，读一点休闲的书。

我举一个例子。我前不久就读过一本休闲的书，是朋友送我的，书名叫作《一味斋书话》，这个作者喜欢买书、索书（跟别人要书）、读书、藏书，他的藏书有一个特点就是千方百计地找作者盖章、签名，所以他收藏了很多名人、名家签名盖章的书。他讲到霍金的《时间简史》，听说霍金要到中国来演讲，他就买了霍金的这本书，然后就带着这本书去现场去听霍金演讲。听完之后，他就想要让霍金为这本书盖一个章或者签一个名，然后就带着这本书找霍金去了。霍金秘书说："英国没有印章。"写字的话，霍金的手写不了字，怎么办？然后这位先生突发奇想，说："我带了印泥盒来了，是不是请你帮助我，把霍金的手上蘸上印泥，在霍金的书上盖上一个手印？"三个人合着把这个事情办了，他就非常高兴啦，觉得手印比章更能够体现一个人的真实性，因为这个不能造假。诸如此类的故事，讲了 38 组，大概有上百个故事。我觉得很有意思的，就是上午看下午又看，下午没看完到晚上再看，一天把这本书看完了。我觉得这本书可以增长知识、拓展见识，做一个休闲的书就很好，这说明看休闲书也是很有用。

第四，是修身型读书。青少年时期已经过了，中青年职场时间也过了，快退休和退休不久，休闲书这个年龄段已经过了。到了六七十岁甚至后面要回顾往昔了，这个时候就是修身型的读书。我们中国传统文化非常强调把读书和修心、修身结合起来。比如说有一个时期，我们读书读得不够，现在就急着补，补传统文化，补儒家经典，那么就从这 4 本书开始，就是"四书"，《大学》《中庸》《论语》《孟子》这 4 本书，比如说《大学》，"大学之道，在明明德，在亲民，在止于至善。"《大学》也好，《论语》也好，《中庸》也好，《孟子》也好，可以说都是儒家精华的书，

也是登上儒家学说殿堂的入门书，字数并不多，比如《大学》是1753个字，《中庸》是3567个字，《论语》多一点，也不过是15876个字，《孟子》更多一点，就是34685个字。这4本书加一块，我算了一下，是55881个字。字数不多，读这些书就是一定要和修养结合起来，所以我觉得读书至重、修养至要、修心修为，亦知亦行，要言行合一。

我在这里联想到读书和修心的关系，读书和修身的关系。很多人有这个经验，媒体也经常说：文化程度越高，平均寿龄越高。文化程度和寿龄基本上成正比例，这是我们现代人的统计。古代人也有统计，康熙帝就做了一个统计，他亲身经历的，他做了一个调查，也做了一个统计，观察和统计中说道："人果专心于一艺一技，则心不外驰，于身有益。朕所及明季之与我之耆旧，善于书法者俱长寿，而身强健。凡人心志有所专，即是养身之道。"这些人"俱长寿而身强健"，就是年岁大，又身体强壮。他说："复有能画。"还有"汉人或造器物匠役"。器皿器物就是非物质文化的制造者，这些能工巧匠，这些人都高寿，活到七八十岁。人活七十古来稀，"其巧绝于人者，皆寿至七八十，身体强健，画作如常。由是观之，凡人之心志有所专，即是养身之道。"他强调读书，强调专心致志，所以他的经验直接和间接地也说明读书不仅可以养心，而且还可以养身。

第五，是研究型读书。这是社会的一小部分的内容，为了研究而去读书，所以研究者到图书馆去，不是去读书，而是去查书。干吗去啊？我到图书馆去查书。查书和读书不完全一样，可以一目十行，可以一翻一册，可以一览一函，可以一天看几十本书。我打一个不恰当的比方，有的人到了图书馆去看书，到书店去看书，就像狩猎人进入猎场一样，就像在山野里驰骋，跑得很快。为了什么呢？就为了捕获猎物，不获猎物誓不罢休，这是宏观的。但是在微观上，有逐字细读、逐句精读，极

具细微之处。

我曾到台北故宫博物院的图书文献处去查一个材料，这个材料就是咱们北京孔庙和国子监博物馆中间的夹道里头那块乾隆年间的碑。这个碑有些先生注意了，有些先生不大注意，这个碑是一共 189 块，乾隆自己写了一块御碑，一共是 190 块碑，现在都立得很好。这 189 块碑都刻了蒋衡书写的《十三经》。蒋衡是江苏金坛人，科考会试没有考中，就下决心不考了，就专心练书法。凡是名家、大家，他就亲自去拜访、去求教，到西安碑林去拓碑，写到一定的程度了，他就下了一个决心，把《十三经》六十多万字，完全用楷书抄下来。最后是在扬州的一个庙里头，闭门不出，“键户十二年”，花了十二年的时间把《十三经》写完了。写完之后，有一个贵人盐商马曰琯出资帮助他装裱起来。又有河道总督汤斌帮他进献给乾隆皇帝。乾隆皇帝一看很心动，怎么把它给永久性保存下来？就刻碑，就是现在孔庙国子监博物馆那个“乾隆石碑”。

这个碑文的真迹在什么地方？原稿在什么地方呢？后来打听到了在台北故宫博物院图书文献处珍藏。我联系他们：“是不是可以去看？”他们要了很多的条件，最后说可以看。到了那里一看，就是蒋衡书写的《十三经》，一个字一个字、工工整整地抄写，62 万字，书名是用隶书抄的，装裱起来一共是 300 册，50 函，1 函 6 册。原稿保存得非常好，是很珍贵的一个文化珍宝。我是带着尺子去的，我就去量这个书有多长、多宽，书心纵的、横的，一行多少个字？一页多少行？每处都很仔细地去看。这就是研究型读书，它就是有这么一个特殊性，和看小说是不一样的。

第六，是治国型读书。特别是我们领导干部为了治国而读书。习主席有一段话讲得好：“历史研究是一切社会科学的基础。”所以习主席号召干部为了安邦治国，为了利民富民，应当阅读历史书。我从而想到，

历史学有两位大家，都姓司马，就是西汉的司马迁和北宋的司马光。司马迁在《报任安书》中说：“究天人之际，通古今之变，成一家之言。”司马光在《资治通鉴·进书表》中说：“鉴前世之兴衰，考当今之得失，嘉善矜恶，取得舍非，足以懋稽古之盛德，跻无前之至治。”意思都是要多读史书，学习前贤，节制私欲，立品高尚。康熙帝在教训他臣子的时候，说了一段自己的读书体会，康熙帝是这么说的：“多读书，则嗜欲淡；嗜欲淡，则费用省；费用省，则营求少；营求少，则立品高。”所以我觉得干部多读史书，知行合一，通天人，贯古今，知兴衰，明得失，使国运显达，使民族复兴。

总之，不同的读书目的和读书态度、读书方法，都有可取之长，也有不同之处，不应是此非彼，而应互相借鉴，也应彼此关照。

我回忆一下我自己的读书，我有三点体会，给各位汇报一下，请大家批评指正。我读书觉得有三条：

一是读书贵恒。颜真卿《劝学诗》云：“三更灯火五更鸡，正是男儿读书时。黑发不知勤学早，白首方悔读书迟。”读书不难，读一点书也不难，难的是读书成习惯，读书成为生活方式，难的是读书一以贯之，难的是终生手不释卷。

二是读书贵悟。我有个体会，有一些困惑的问题，数日或数月或数年都不得其解，一直在脑子里面困惑，有的时候寝食不安。忽然有一天在夜半朦胧中突然豁朗，赶紧起身，披上衣服，打开电脑，记下闪现顿悟的火花。有人把这个叫作灵感，有人把这个叫作顿悟。我个人觉得，读书要读出顿悟来，读书获得知识很重要，由知识转化为智慧更重要，由智慧再提炼成顿悟就更精彩了。

三是读书贵行。读书人常重理（理论）轻事（事情）、重言轻行，应当既重读书又重践行，亦知亦行、知行合一。我从历史经验中得出一

个结论：事情是做出来的，粮食是种出来的，机器是造出来的，著作是写出来的，实业是干出来的。所以检验读书的标尺是实践。

我们处于一个伟大的时代，肩负着伟大的使命，应有“为天地立心，为生民立命，为往圣继绝学，为万世开太平”的大志向、大胸怀。认真读书，学习新知，提高素养，完善自我，为国为民多作贡献。

阅读与态度

白岩松　（全国政协委员、中央广播电视总台主持人）

我觉得阎先生一讲完，我们就好讲了，因为阎先生已经讲得非常周全了，我们就作一个补充就行。我前面是阎先生，后面是阎先生的书，所以我很安全，讲得有问题的地方也不怕，反正就是他的一个补充。

今天的题目叫《阅读与态度》。那我们谈谁的态度？每次做阅读的这种推广，我都觉得，当然不是给爱读书的人所做的工作了，因为真正爱读书的人还用我们在这儿说读书的好处吗？他自己早就清楚了。对于不读书的人来说我们也是无用功，因为人家不读书，当然不会觉得你推广阅读有什么价值，甚至完全听不到，所以还是要说给那些将读未读且很有可能阅读的人。我今天要说的重点是未来的孩子。坦白地说，做了这么多的阅读推广，对于成年人来说，我们做什么工作作用已经不大了，但是要为未来的孩子能不能养成阅读习惯着想，所以我觉得这个阅读的态度，恐怕还是针对有权力的人，这个权力第一是亲情的权力——父母。第二个就是拥有读书环境的建设权力的——主要是政府。接下来是拥有

教育权力的，当然这里既包括政府也包括相关的学校，所以我觉得重点在这里。

如今，针对阅读还有很多误解，我经常听到的误解就是："老白，怎么中国人不读书了？"1949年建国的时候中国的文盲率超过80%，中国过去的阅读是极少数的阅读，是精英的阅读，因此这里存在着相当大的误解。在1949年，中国发行量最大的一份报纸是《大公报》，发行量没有超过10万份。所以从全面阅读的角度来说，恐怕50年代、60年代最有意义的一个事情就是拼音的出现，然后是扫盲，使中国人拥有了全民阅读的可能。对我影响最大的一本书是《新华字典》，没有《新华字典》，我没有可能走到中国汉语言的文字之中。我觉得中国是进入21世纪以来才开始探讨全民阅读的可能的。后来，手机普及了，一方面来说，手机就像手雷，也像手铐；另一方面，手机使我们那些不读文字和不听音乐的人开始有了读文字和听音乐最大的基础，因此，手机就成了金字塔塔底的人的标配，听音乐、读文字成了他们的生活习惯，并且会向下一代延续，他们由过去不看书，变成了现在看手机就要看字。我经常说做新闻的人应该感谢现在的这个时代，因为全民都在关注新闻，只要有手机，经常会跳出来这个新闻那个新闻，不由自主地都在发表新闻，而且在上面可以留言发表态度了，并且开始用文字发表态度了。这一代人、两代人成为中国金字塔上的改变，我觉得功德无量，阅读、音乐以及聆听都是从手机时代才真正开始的，我觉得没有什么可抱怨的。

但是真正让你担心的是精英人群不太阅读了，准精英人群也不太阅读了。我在带研究生的时候，我看到文科大学时代的阅读的欠缺到了让人惊心动魄的情况，我讲一个小细节，有一次，我给研究生布置一个书目，因为我要带他们两年，其中有一本书叫作《巨流河》。他们都问我是哪三个字，他们可以没有读过，但是作为这知名大学的文科，经历了四年

的教育，他们是要知道这本书的，而且这是新闻系的研究生，包括播音系的研究生也应该知道的。这件事对我的触动太大了。

这背后就暴露出我今天要讲的重点，让什么去培养孩子能够拥有阅读的习惯？我觉得想要让全社会拥有阅读的习惯，这一习惯才是决定性的，接下来要在成长的过程当中带有强制性。可是回过头去看我们在小学和中学的教育过程，我们把课本以外的书叫作课外书，家长叫作闲书，这就被排除在正当的行为之外，但是全世界真正的发达国家，有几个把阅读课本以外的书当成读闲书，这才是问题的关键所在。我们的教育过程当中并没有给孩子养成阅读习惯提供更早的带有强制性的机制。有的国家关于阅读的法律中，明确规定让孩子在小学3年级的时候养成阅读的习惯，我们有吗？没有的话，怎么指望让他长大了之后去建立阅读的习惯？因此这是一个非常需要改变的过程。我们能不能每一个学期每周都有一个读书日？最重要的一点就是在他学习中，其中很多作业必然要和阅读有关，就要去阅读。国外就是看书目，写小论文然后再看小书目，然后写大论文。老师的任务就是开书单。我们有吗？所以阅读习惯不是一个锦上添花的事情，它是一个真正给民族雪中送炭的东西。阅读要上升到一种新的态度的关注之中。

我要讲的第二点，很多人问阅读的好处是什么？是让个体变得更加优秀。我最近在做一个阅读的公益广告，我也强调的是，读书才是说走就能走的旅行，它不会一夜之间让世界变得更好，它会让你变得更好，让你变得更好，不就是让世界变得更好吗？我觉得读书最大的好处还不仅仅是让个人变得更好，读书最重要的是让一个个体、一个群体和一个国家变得更安全一些。为什么要用安全一些这样的一个词语呢？我觉得不妨用老祖宗的一句话来说，老子在《道德经》里面有一个长句子，我经常给我的学生们说："知乃容，容乃全，全乃天，天乃道，道乃久。"

这一段话是什么意思呢？知道的多了，你就开始包容了，开始包容各种各样不同的事情，由于你知道了，你就不会感到惊奇，你就不会有偏见，你就不会不宽容，你就不会去扼杀和我不同的东西，你知道得多，就能够接受这个世界的丰富多彩，你就能以包容之心看待整个世界。而一旦一个人能够包容了，就会周全，容乃全，就会关照强势的该怎么样，弱势群体该怎么样，这件事怎么样，那件事怎么样。而当人变得周全了，全乃天，就开始跟世界运行相衔接了，你就具有领导力了。你看我们生活之中真正的好领导不就是周全和包容的人吗？这个天首先要具有领导力一词在里头，一旦周全了，就具有某种领导力了，就可以帮助更多的人了。而一旦有了领导力和帮助更多的人就开始天乃道了，道是规律。而一旦一个个体用规律办事的时候，道乃久，就会长久，危险就离开了你，你也就没有什么危险了。这才是对此时的中国极其重要的东西。刚才阎先生谈到了80年的阅读给他的很多感悟，我觉得给我一个很重要的感悟就是这么忙还看书。我觉得，我是看书的时候有空才会去做节目。看书、听音乐、吃好吃的才是生命之中非常重要的主题，然后才有机会去发挥你的能量，去做一些事情。

我去年总结过，当告别世界的时候，什么是你最依依不舍的？我觉得首先是亲情，接下来是那么多美好的音乐，然后是那么多好书，最后是有那么多好吃的。这个顺序是我认真去考虑过的。但是换一个角度来说，读书是更大的娱乐，刚才阎先生谈到研究型的读书是需要苦读的，我觉得剩下的都具有某些娱乐性，励志型的阅读也具有娱乐性，因为让我开心啊，到了一定的年龄，谁都有权利去看一些闲书，但是闲书的品位和价值还是不一样的。看书让我得到了最大的乐趣，另外它是一种习惯，我知道了很多的东西，我就松弛下去了，但是这都不是最重要的，我觉得最重要的是它给了我面对事情的一个正确的态度。我一直认为这才是

读书给每一个人最大的领悟，我不能够去判断和决定老天爷将给我什么样的命运，但是我真的可以通过阅读决定它给我什么样的命运的时候，我都能够用正确的态度去面对它。我刚做电视节目的时候，我采访了很多人，有些人遇到挫折和打击，应对不力，摔倒了。他们是被荣誉、赞誉和一瞬间的成功打倒的，因为他们在这些事情上没有保持正确的态度。因为刚才已经谈到了读书给你的这些东西，它可以让你的生活走入简朴，在简朴之中得到味道，然后拥有更加美好的一些东西。

所以我觉得，你决定不了老天爷给你的命运，但是读书能够给你最好的态度。当赞誉和表扬来的时候，你看过那么多的书，你难道不明白你是谁？你那么重要？另一方面，当痛苦和挫折打击你的时候，读书同样会给你正确的态度，所以，给予命运什么样的态度，这是一个读书人收获的最大的礼物。然后你就可以安全、从容地作为家风将它延续下去。

我觉得可以再把它升华一下，理性怎么建立？这里存在着很多的错觉，我们的经济快速发展，中国成年人一年的阅读的书依然不到5本，我们2018年比2017年基本没有变，多了0.01，大家会说是有手机了，都在手机上阅读了，手机上阅读的时间成人1天85分钟，我们天天在手机上看的不是书，看的是无聊，看的是游戏，看的是和别人之间的关系。但是更让人担心的是我们正处于一个急剧变革的时代，在目前拥有的条件下如何去推广阅读，让民族成为一个理性的民族，这样长远走下去才会是安全的，因此，知乃容，容乃全，全乃天，天乃道，道乃久。然后才不会有危险，我觉得整个的社会应该有一种新的态度去看待阅读，谢谢。

阅读的态度

唐家三少（张威）（全国政协委员、网络文学作家）

今天能够和大家分享我的阅读的态度，非常地荣幸。我就是白岩松老师所说的，小时候在家里面阅读的时候，经常被家长说看闲书的人，我们这一代孩子都是这样的。我们那个时候看书是怎么看？偷偷地看，因为家长不让你看，家长说，有时间去学习去，不要看那些闲书。

我的阅读是从什么时候开始的？3 年级的时候，9 岁，我开始看长篇小说。那个时候我们在家里面翻书，家里面都没有书，书是从什么地方来的？我父亲喜欢看小说，他有的时候就从单位借书回来看。我就趁他不在的时候翻翻，从那个时候我就养成了一个看小说的习惯。

对我来说，阅读是什么？刚才白老师说了很多的阅读该怎么读，我就简单地说一下，阅读带给我了什么，还有我的阅读的态度。我觉得阅读对于我来说，我大概算过，阅读大概是我生命的 1/8 到 1/7，我平均每天有 3 到 4 个小时的时间阅读，我今年 38 岁，我大概算了一下，平均下来差不多。

我小的时候，上学大部分时间都是在读书，但是上学时的读书和我们平时的看书我觉得区别还蛮大的，不一样。当我逐渐长大，读书一直伴随着我的成长。人从小到大，一直都在成长变化。因为不同的年龄段会面对不同的事情，会见到不同的人，从学习到走上工作岗位，到成家立业，到有自己的孩子，这是个变化的过程。当你穷的时候和当你有一定成绩的时候，人的心态是不一样的。

心态不一样会带给你不一样的幸福感。上高中的时候，在马路边喝一瓶饮料、吃个羊肉串都感觉特别幸福。到我这个年龄段，我就会考虑到健康的问题，在这个前提下，我去路边吃羊肉串还会觉得幸福吗？没有那么多的幸福感了。

但是，从我9岁那一年到现在为止，30年来没有变过的，始终带给我幸福感的只有阅读。昨天周末，我无意翻到一本小说，是写学霸和普通人的区别，我看这本书的时候很快，20分钟就带给我幸福感，从白天一直看到晚上，今天上午我还翻了翻。

我觉得当我找到一本好书的时候，它真的是能够带给我特别大的幸福感和愉悦感，而且是始终的。所以对我来说，我会一直阅读下去。现在对我们来说，网络的发展在一定程度上改变了我们的生活，我是一个网络作家，我从来不会因为我是网络作家而觉得和传统作家有什么区别。

网络文学从无到有，大概有20年的时间，到现在为止还是一个新兴文学创作方式。我接受过太多的采访，有无数的记者问我网络文学和传统文学的区别是什么？我后来就说，你们的这个问题就是一个问题。因为没有网络，就没有和传统文学的对比。

网络文学是通俗文学的一类，就是休闲阅读，给大家带来的是最廉价的精神享受，因为网络文学真的非常便宜，1000字2分钱，经过20年的发展，从2分涨到3分。从我们过去传统的阅读来说，你要看一本书

就要把这本书给买下来，或者说把这本书借下来，但是网络就不一样了，你打开这本书就在电脑上或者说在手机上看，你看 1000 字，不喜欢就可以不看，你看的 1000 字还不用付钱。有的网络文学看 10 万字都还不要钱，看着好看再看后面的，大家有更多的选择性。

网络文学有一定的便利性，我觉得是网络文学让我有了今天。更重要的是阅读改变了我的生活，阅读带给了我新的生活，当然，没有网络我也不会走上创作这条路。

当初我为什么开始写作呢？说起来很有趣。因为我当初工作也挺早的，我最早以前是做网站，我是中国最早的那一批做网站的。当时我第一份工作是在央视，在央视做央视国际互联网，我们当时也是第一代做国际互联网的。我记得特别的清楚，1998 年开始做，到 1999 年年终上线，所以在那个时候我就开始在网络上看书，我发现过去在网络上看书和现在的网络小说不一样，它是把我们过去的一些作品搬到了网站上，不过是通过扫描或打字搬到了网上。我觉得这个阅读太方便了，我去图书馆借书都是一摞一摞地借，借一次能够看几天，有了网络之后，网络对我们阅读的人来说实在是太有帮助了。它是什么？是共享、便捷。哪怕在天南海北，你都可以在同一个地方找到书。

为什么后来我开始写书呢？我当时看的网络文学作品都是一些爱好者在闲暇之余写的，就会经常出现有的作者写了一段时间，你看了，觉得前面的内容很好，但是就找不到后面的内容，或者说很久才会有下一段内容。所以当时我就想着我自己写着玩吧，就是这个网络的便利性让我感觉到有了网络之后写作原来是一个挺容易的事儿，写好不容易，写是容易的事。就是因为我看不到我想要看的内容，我才走上写作的这一条路。

当我开始写之后，我就在想，我曾经感受到的痛苦我就别让我的读

者感受了，我那会儿就想着你要让你的读者喜欢你，就要对你的读者忠诚，所以我从开始写作到现在每天都保持着写作的习惯。

回到我们所说的阅读，我每天超过 1/8 的时间阅读，我觉得这个是我可以分享给很多读者的。我阅读有两个时间，一个是早上起来刚睡醒，一个是晚上睡觉前。为什么呢？因为我早上六七点就醒了，从睡醒到起床中间其实是有一段时间的，尤其是对我现在来说，早上起来孩子会起床、会洗漱，吃饭送他们上学，家里有老人，他们就把这个事情做了，我早上就利用这段时间自己在床上多躺一会儿，对我来说已经养成了这样的习惯，这是我的阅读时间，我觉得早上起来看一会儿书会让你的大脑醒过来，让你的心觉得充实，带着幸福感去迎接美好的一天，对我来说是特别幸福的一件事。晚上睡觉之前我会阅读，无论多晚我都会看一会儿，到家早就多看一会儿，到家晚就少看一会儿，最少也有20分钟或半个小时。我们现在还有最新的方式就是听书，这本书我看得正起劲、不想要放弃，又觉得应该睡觉，然后我就开一个定时，不超过 20 分钟，我觉得阅读可以促进我的睡眠，我听到我喜欢的书的时候就会很快地入睡。这是我阅读的习惯。

现在，很多年轻人的阅读其实还是有改善的。为什么我说有改善？因为中国的网络文学是我们国家独一无二的，我们有上下五千年的历史，有超过五千年的文明史，还有就是我们有庞大的人口基数，所以网络阅读也是人口基数的红利。现在读网络文学的有多少呢？有 4 亿。我们网络文学作家有多少呢？据中国作家协会 2018 年发布，我国网络文学注册作者总数已达 1400 万，根据我的了解，实际上我们签约在创作的有几十万人，不到 100 万。曾经我们在一次开会上讨论，就有人问：网络文学的出现对中国文学是好事还是坏事？当时是北大的一位教授说：网络文学的出现对中国文学史一定是好事。首先在任何国家、任何时代从来

没有这么多人从事写作，从来没有这么多人阅读。其次网络文学本身的基数很庞大，那么哪怕它有 1% 是精品，也是中华乃至世界的精品。

现在很多家长对网络文学存在争议，对网络文学的褒贬不一我听过太多。15 年来，我发现经济越发达的地区对于网络文学的阅读越支持，经济越落后的地区越是不认可。因为我在某些省的作协会上就听过，网络文学是什么？就是写小盲文的。给大家分享一个有意思的事儿，我们是写小说的，我们提供给读者的就是比较偏休闲的文学。出我们书的出版社会收到读者来信，大部分是读者的一些感受，也有一部分是投诉的，这些投诉的人一般都是家长。

一个有意思的事儿是什么呢？这些投诉的家长，南北分明，南方一个都没有，全部是北方的家长，特别有意思。曾经，我在一个阅读分享会上讲我的书。下面有一个家长突然站起来说，三少，我可不可以问你一个问题？我说：你说。这个家长就跟我说：三少，你觉得孩子看你的书会不会影响学习？那天是我写作以来最感动的一天，因为这个问题不是我回答的，是我在场的其他读者回答的。当时在前台就站起来我的一个读者，他说，阿姨，我告诉你不会的，我今年刚考上了南开大学。另外一个读者说，阿姨，虽然我的学习不好，但是我刚刚参加了中国和泰国的拳击对抗赛，我获得了冠军。那是我最感动的一天。

我们一直说阅读改善生活，但是阅读是不是一定就是好事？我觉得，你看的东西是正能量的内容，就是好事。就像刚才白老师说的什么是闲书？什么是有用的书？难道就必须要读课本才会对我们的生活有帮助吗？对孩子的成长有帮助吗？我觉得不是的。

我觉得阅读要全面，不同的内容，不同的方向会带给我们不同的东西。对我来说也是如此。我其实看的更多的是比较偏休闲类的书，但是它们其实也会带给我不同的东西，不同的知识，而且关键是它会带给你很多

的兴趣。我曾看过一本书，虽然是一本很休闲的书，但里面涉及一些关于古琴的东西，我会去找相关资料，这叫作延伸阅读。我买了很多关于古琴的书，我才明白弹古琴为什么是用8个手指，所以阅读会增加我们很多的基础的知识与能力。

我小的时候感觉特别明显，尤其是上学的时候，我在9岁之前，我觉得我读课文是一大难关，但是从我看了书之后首先我的阅读能力提升了，我阅读得快了，哪怕是一篇新的课文拿给我，我拿起来可以很顺畅地去读了。而且，阅读在人生的整个过程中一直都会潜移默化地影响着我们。在你写作文的时候，没有足够的阅读量你的词汇怎么来？你的语法怎么来？真的靠我们死记硬背学语言的那些方法吗？所以我觉得阅读真的是太重要了，真的是我们一些年轻人刻不容缓要解决的问题，特别是公立学校，真的应该特别重视的一个问题。

所以我也一直鼓励我的孩子去阅读。曾经还有记者问我说：三少，什么样的网络文学会有精神？还有说应该看什么样的网络文学？首先，我不能够说所有的网络文学都是好的，所有的东西都有两面性，但是我比较推荐的是什么？首先要到正规的文学网站去看，我最近发现了一个特别不好的事儿，现在网上有很多的公众号，打着免费阅读的旗号，网站里面有很多擦边球的内容，这些内容会出现劣币驱逐良币的情况，当家长看到孩子在阅读这样的故事的时候，他会怎么想？哪个家长也不想让孩子看到这个。

我们国家进行打击的棒子应该是落到这上面的，包括我这次在全国政协的提案上也提了，希望我们阅读网络文学的时候要到正规的文学网站，正规的文学网站首先要把的就是底线关。经过国家的各种支持和辅助，我们这些正规网站的内容都是很不错的。

就我个人来说，我们不用去说大道理，什么样的作品我们读者可以看，

作为一个作家来说，一个简单的文以载道的基础，就是你自己写的东西敢给自己的孩子看。如果你自己写的东西不敢给自己的孩子看，凭什么给别人的孩子看？所以我的作品我敢拿给我的儿子看，拿给我的女儿看，这是我作为一个作家基础的地方。

今年在两会期间有媒体采访我说：三少，今年是五四运动 100 周年，你能够给青年一句话吗？我说，就像我的书里面所要表达的，我们在去做衍生开发，做动画之类，我们要有一个调性的掌控，就像我现在要给青年们的话是一样的，就是几个词：年轻、积极、绿色、立志、向上。在需要的时候要有热血，就是这样一句话。这些是我希望通过我的作品传达给我的读者的，虽然是通俗小说，但是我也会把我的一些理念，把我的一些社会性的内容，我个人的一些观点，通过有趣的故事传达给我们的读者。

之前在一次座谈会上，北京市委宣传部领导说，三少，你觉得网络文学怎么和我们现代的这种现实题材相结合？后来我们聊了以后，我觉得其实是完全可以的。怎么结合呢？特别有意思的是在这个过程当中我尝试写了一本书，最近刚出版了，我也给中宣部送了一些，我的这本书是一本通俗小说、一本都市小说，就相当于刚才阎老师所说的爱情是人类的三大主题之一。我们用这样的一个小说去写大运河，我们是要用一个有趣的故事，给我们的读者去讲大运河的故事和精神，这样远远比纯粹地把大运河的故事搬出来更能让读者接受。所以首先要有故事性，读者爱看，喜闻乐见，然后是弘扬精神，然后再去达到那个高度。

一本书再有高度，结果只有几百人看，只有 1000 人看、2000 人看，意义在哪里？如果我们一本书有几十万人看，有几十万本书被读者买走，首先他们会看这个故事，在这个故事里有我们想要弘扬的东西，就会潜移默化地、润物细无声地传递给读者，对于读者来说更容易接受。这个

是我们在进行的创作方式，在这个过程中我自己也学到了很多东西，也觉得很有意思，也希望通过自己的创作能够为我们的读者和我们国家的发展作一些贡献。

阅读的喜悦与读书的忧伤

魏玉山　（全国政协委员、中国新闻出版研究院院长）

前面三位大家和名家都做了非常好的演讲，我站在这个地方既有压力又没有压力，说没有压力，因为可能很多听众和观众想要听的和看的已经听完了，看完了，我这个演讲可有可无，所以是没有压力。但是毕竟还要讲，还要网上直播，能不能讲好还不好说，所以还是有很大的压力。

我的题目是《阅读的喜悦与读书的忧伤》。为什么讲阅读有喜悦呢？刚才几位嘉宾都讲过，现在社会上很重视阅读，我们的政府也倡导阅读，企事业单位也在推动阅读，特别是到了 4 月份，各种阅读活动普遍开展，全国阅读的人群在增长。

但是为什么又说读书的忧伤呢？是因为虽然阅读在增长，但读书的人群和深度阅读的人并没有随之而增长，不仅人没有增长，而且知识阶层阅读在浅化。有一个材料可能大家都看过，讲的是中美大学生阅读书目的比较，可以给我们很深的启发，或者说使我们感到忧伤。

我做了一个 PPT，里面有很多的数据，有助于大家更直观地看出变

化与发展。

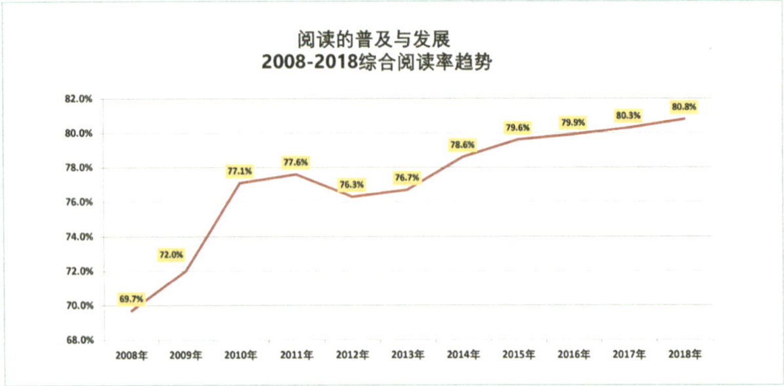

这是一个喜悦的数据。我们可以看到，从2008年以来，阅读率是在不断地攀升，它所体现和代表的是读者人数的不断增长，2018年，全国每100个成年人当中有80个人是读者，他们可能读过书，可能看过报刊，可能看过网络文学，也可能通过手机微信阅读，等等，总之他是读者。读者的人群在不断扩大，我觉得这是一个好的现象，这是我们推动全民阅读的一个重要的成果。

第二张图，是数字化阅读发展趋势，我觉得这也是一个非常好的现象，就是数字化消除了我们在阅读方面的鸿沟。过去很多不阅读的人现在阅读了，特别是在农村、偏远地区，很多人想要看书，想要看报，看不到。但是通过数字化的手段，现在可以看了。数字化的阅读包括手机的阅读、电脑的阅读、平板电脑的阅读，也包括电子书阅读器的阅读。数字阅读人群不断地快速增长，2018年，每100个人中有80个人是数字化阅读的读者，这是一个好的现象，这也是我们应该喜悦的一方面。

那么，为什么忧伤呢？虽然阅读率增加了，数字阅读有很大的提升，但是读书却没有随之高涨。阅读不等于读书，阅读虽然很重要，但读书才是最重要的阅读方式。

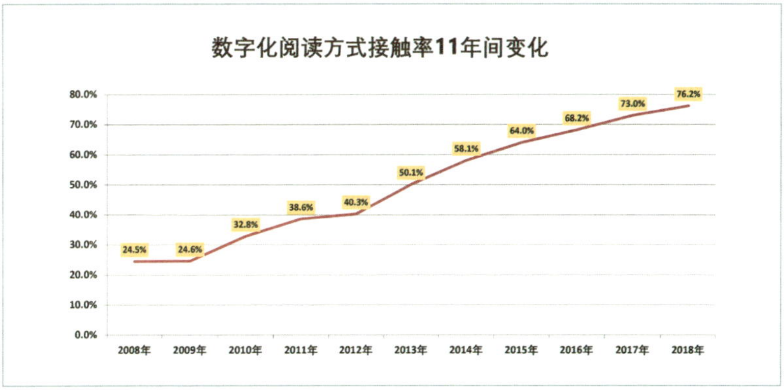

国内外对阅读有不同的理解，有不同的说法。加拿大的学者阿尔维托·曼谷埃尔写了一本《阅读史》，他说阅读和呼吸一样，是与生俱来的。农民阅读大地，渔民阅读大海，医生阅读病人，等等，他把阅读等同于看，只要看到了就是读了，这是一种非常宽泛的理解。不同国家在阅读立法中，对阅读的理解和对阅读的定义也不太相同，刚才讲到美国的阅读法，还有儿童阅读法，他们讲到的阅读是指文字的阅读，是不包括视频的阅读，不包括图画的阅读，是以文字为主的阅读。西班牙的阅读和图书馆法对阅读的定义比较宽泛，包括图书及任何一类阅读制品和期刊。韩国的阅读也是非常宽泛的，指以阅读文字内容为中心的活动，包括由文字构成的书刊等印刷资料、视听及电子资料。

我们可以说，阅读是多数人每天都会发生的一种行为方式，特别是在各种媒介已经包围在我们身边的时代，我们不可能视而不见，但是读书却不然，不见得每个人每天都看书。

读书有悲伤、有悲哀，为什么这么讲？我们可以通过几组数据来看一看国民读书的情况。反映一个人、一个国家、一个民族乃至读书的情况，可以用图书阅读率、阅读量、阅读时长、家庭藏书量等指标来衡量。

第一组数据是图书阅读率，我们研究院从1999年开始做全国国民阅

读调查，当年图书的阅读率是 60.4%，也就是说超过 60% 的人是图书的阅读者。过了 10 年，也就是 2008 年，图书的阅读率降到了 50% 以下（49.3%）。这些年政府大力推动全民阅读，读书者在不断地增加，2018 年图书的阅读率恢复到 59%，但是仍然没有达到 20 年前的水平。

第二组数据是读书的数量，2007 年全国人均读书（不包括教科书）4.72 本，10 年后的 2018 年，全国人均读纸质图书 4.67 本，加上电子书也还不到 8 本。所以从这个数字也可以看出来，读书的数量，如果单从纸书来看，不仅没有增加，还有所减少。加上电子书的增长也并不高。

第三组数据是每天读书的时长。这个数据就更值得我们忧伤了。2007 年，全国人均读书 61 分钟，2018 年，人均每天读书不到 20 分钟，刚才唐家三少讲他每天读三四个小时，这是个例，或者说是一个非常特殊的个例。绝大多数国人读书的时间很短、很短，许多人甚至许多天不读书。

第四组数据是家庭的藏书量，2007 年我们国人的家庭里面平均藏书 68 本，2017 年我们国家家庭平均藏书量 39 本。我们人均住房面积不断增长，2018 年，人均住房面积超过 40 平方米，是 1978 年的人均住房面积的 6 倍（当时只有 6 平方米左右），房子大了很多，但是家庭藏书不仅没有多，反而减少了。

这一系列的数据上反映出来的情况是值得我们忧伤的。

大家不读书，闲暇的时间去哪儿了呢？ 2009 年，人们每天手机阅读 5 分钟，到了 2018 年，人均每天通过手机阅读时长是 85 分钟，互联网阅读每天 65 分钟，加起来 2 小时 30 分钟，2 小时 30 分钟之外还有什么呢？还有看电视，10 年前看电视的时间很长，每天每人接近 100 分钟，到了 2017 年看电视的时间降到了 44 分钟，再有听广播的时长 20 多分钟，所以我们 3 小时 30 分钟用到了互联网，用到了手机，用到了广播和电

视等媒体，自然而然地，用于纸质媒体的时间或者说用于读书的时间被大大地压缩了。

今天讲坛的题目是叫：《读书的观点和态度》。刚才白岩松、阎崇年、唐家三少三位名家都讲了他们对读书态度的理解和读书的感受和经历，都很有见地。下面我就读书的态度谈几点看法。

态度这个问题看似虚无缥缈，但是有的时候也很实际，我记得2002年的时候，流行一句话叫作："态度决定一切。"是米卢提出的说法，他把中国男足首次带到了世界杯，到目前为止也是中国男足最好的战绩。所以态度很重要，态度就是高度，你有什么样的态度就有什么样的结果。

关于读书的态度，我们的老前辈叶圣陶先生有一篇文章就讲读书的态度，他讲了三种态度：第一种绝对的信任，凡是书上说的都是对的，都是天经地义的。第二种是要采取批判的态度。第三种是随随便便的态度。他建议青年人应该而且必须抱着第二种态度也就是批判的态度，不能盲从。这是叶圣陶关于读书态度的三种理解。

我们讲读书的态度或者说我理解的读书的态度，可以从三个方面来谈。

第一个是读书的目的，为什么读书？为中华民族崛起而读书。我们这一代人可能都很熟悉这一句话，这是周总理提出来的。我们刚上初高中的时候，老师给我们讲：要为中华民族崛起而读书。我觉得这是激励着我们这一代人读书的一个非常重要的口号。从国家、从民族大义上来讲，我觉得这是一种态度。刚才阎崇年先生引用宋真宗关于读书的几句话，这也是一种态度，当时宋代文化非常发达，虽然这种读书的目的看着有点庸俗，但是对很多人还是有作用的。当然读书的目的还有很多，我这里就不说了。

那么读什么书？读书的目标是什么？

读什么书？其实从古人到今人都有过很多的推荐，荀子的《劝学篇》对读什么书，包括读书的先后顺序都有交代。朱熹的读书法，也对读什么书，怎么读书有很多的建议。近代以来推荐书目影响力最大的是张之洞，他的《书目问答》给当时的青年人推荐了2000多种国学书目，此后，梁启超、胡适、鲁迅等很多名家都推荐过书目。

第二个，读书要为天下奇。这是毛泽东主席的观点。毛泽东在湖南读书的时候提出来三奇：读奇书，交奇友，创奇事。毛主席非常喜欢读书，据中央文献研究室的统计，他一生读书超过10万册，也多次给大家推荐书目。要读天下奇书，我觉得这也是一种境界。现在的书数量很大，不仅有先人为我们留下的卷帙浩繁的图书，还有今人新创作的多如牛毛的新书，一定要有选择地读书，读名著、读奇书。

当下的领导干部要读什么样的书？要读马列经典著作，读工作所需的知识书籍，读中外优秀的传统文化的图书。这是对目前干部队伍的读书要求。

第三个是怎么读。这也是读书态度的一个方面，开卷有益、博览群书，这是一种读书的方法。朱熹读书法：循序渐进、熟读精思、切己体察等。毛主席的读书方法有：反复读、对照读、眼口耳手心并用。反复读，《共产党宣言》他读过100遍以上，《资治通鉴》读过17遍以上，那样的一部大书。对照读，为了弄清楚一个问题，把相关的图书都找来，比较着读，这也是一种方法。眼口耳手心并到，手到就是要写，心到就是要整理出来。这些都是读书的方法，对我们今天读书人来说仍然是法宝。

从我个人读书的经历来讲是广阅和精读相结合。广阅是广泛地阅读，这个主要是在青少年时代或者说在青年以前，这个时间精力比较充沛，求知欲很旺盛，可以广读博收，可以读更多的东西。到了中年以后，业务也好、工作也好相对定型，个人的兴趣爱好也好逐渐定型了，阅读就

应该逐渐由博转向专，由广转向精。胡适在谈到读书方法的时候，他先讲精，后讲博，胡适讲读书第一是精，第二是博，我觉得先博后精才是我们发展的规律，这是我关于读书的方法体会。

最后我还想说，不管是读书的方法，还是读书的目的，还是读书的态度，我们的阅读或者读书要回归理性，不要被各种各样的排行榜所左右，不要被各种各样的流行所吸引，不要被各种大数据的画像、大数据的算法所设计。我们要按照自己的兴趣，按照自己的爱好来阅读，不要追求流行。流行的追求偶尔可以为之，但是年年追着流行，我们可能会像年年得流感一样。阅读需要免疫力。

我就说这么多，谢谢！

特邀嘉宾

鲁景超（中国传媒大学播音主持艺术学院院长）

去年我遇到了人生最大的灾难，我的女儿去世了。她是一位作家，12 岁出版了她的第一本书，叫《小苗和大树的对话》。这里边精彩的内容也被选到了人教版的教材里面。我想要讲一句话，我的女儿在她去世的前一天还在读书，当时一个小朋友就问她，说：“你为什么还要读书？”因为她的时间已经按小时、按分秒计算了。我的女儿说：“朝闻道，夕死足矣。”等那个小朋友离开之后，她说：“她怎么能够理解我？读书是我的习惯。”

从女儿生病的第一天起，我知道她的时间不多了，我就开始给她记日记，我想要把这个美好的人生，把她的一切记录下来。其中有一篇日记是我的女儿从康复科转到所谓的临终关怀病房的那天，我给大家简单地说说那天的日记，那天医生跟我说，她的身体情况已经不适合在康复科治疗了，要让她转到下一个病房，可不可以跟她讲？我说她是一个非常明白大道理的人，可以如实给她讲。略去医生跟她谈话的内容，之后

康复师来了，康复师问她：“今天还要不要训练？”我的女儿回答说：“正常，一切正常进行。”很疼痛，但是这么长的距离，她在一位白人康复师和一位黑人小伙子的帮助下走了一趟，然后她又坚持走了两趟，然后我女儿跟我说超额完成任务，人要进步，人就得要进步。还有一件事，因为跟读书有关，我很想要说一说，这个机会很难得。昨天我很意外地找到了我女儿 13 岁到 14 岁的 3 本读书笔记，像神在助我。她是一个作家也是一个画家，她在得知生病以后把她的很多作品都悄悄地毁掉了。我问她为什么毁掉？她说，因为敬畏。很意外的，我们在家里面的角落里找到了她 13 岁到 14 岁的读书笔记，精彩，非常精彩。刚才我在那篇日记的最后一句话，我留在这里来说：“苗儿你不要再走了，消耗你。”她说：“妈妈，我在追赶太阳。”我不知道为什么。但是在这本读书笔记里面我知道了，13 岁她写了一篇文章，其中的一个标题就是《追赶太阳》。因为她读到了弗雷先生的书，这本书让她那么快乐，她有 5 篇读书日记写的都是读这本书之后的感受。我很想感谢弗雷先生，他让我女儿的生活这么幸福。所以我的女儿让我懂得读书不是为了功利的东西，它是生命的需要。特别是现在，我的女儿去世以后，我一直在写一本书，我在思考她的过程中，和我的学生一起读了很多很多书，我们是用生命在交谈，我可以告诉大家，读书可以让你活得更快乐、更美好。

遇见书坊

第四讲

新时代：教育理念与实践

主讲嘉宾

陈一丹　朱永新

主持嘉宾

阎晓宏

特邀嘉宾

孙寿山　宋明昌　陈东强　马国川　赵婀娜　翟　博

徐锡华　张凌云　鲁　唯　童喜喜　任志鸿　阙　超

常智韬　史　妍　王　旗

零至无限，用创新教育来释放社会潜能

陈一丹　（腾讯主要创始人、腾讯公益慈善基金会发起人兼荣誉理事长、一丹奖创办人）

感谢各位嘉宾来到浓浓书卷味的远集坊，很高兴跟大家分享和交流。

在创业的第 15 年，我就从企业退下来。之后我把精力都集中在公益和教育上，也逐渐把教育作为我自己一生的志愿，这是因为我完全相信教育的重要性和教育的变革力量，以及教育给个人乃至于世界带来的积极影响。

有很多人问我：为什么呢？从感性的角度来讲，因为我的祖母是个不识字的人，她在那个年代是经历过战争、饥荒，独自把我父亲养大，并把我父亲培养成为我们那个村里的第一个大学生。是我祖母改变了我父亲的命运。

我出生后，父母亲都要上班，是祖母在照料我的生活。那个年代粮食、肉类并不够，我小时候是这样，但是祖母就会发挥她所有潜能，她给你传递一个信念，也是一种希望，而她最开心的就是我可以念书，希望我去多念书。我们家庭也是不富裕的，是个普通的家庭，但祖母总是尽所

有的力量去帮助所有人，这从某种角度潜移默化地影响了我。

我想这种影响也在潜移默化地影响着腾讯的文化。当我和同学创业的时候，我也煮红鸡蛋庆祝孩子的生日，过年发红包给所有同事，现在每年腾讯发红包的习惯已经坚持了20来年。所以当我们的事业开始成功的时候，也会想如何运用这个平台的资源帮助更多人。

因为以往做了很多的教育项目，知道教育项目本身对教育的受益人的帮助是非常大的。老师、学生、家长都会从中受益。但是进一步想，这种项目要涉及的人还有很多，怎么办？那就需要更多人做。所以我就希望可以做一些事情，通过教育影响改变更多人，这是我立这个志愿的初心。

这次演讲，为什么选择这个题目？因为我刚刚在新加坡管理大学做了这个演讲。当时我用英文来讲，挑战我的是英文。我就抽取了其中一部分和现在的一些思考作为远集坊的分享，分享我的思考和期望。

为什么教育是个零至无限的过程呢？我们谈教育还是要回归源头去思考。教育是对人的，教育从人来讲也好，从社会来讲也好，第一步是很重要的，教育的精髓是在零突破以后才开始慢慢地生长。这就得回归到老祖宗的文化，道家讲：一生二，二生三，三生万物。道是生于一片混沌，而混沌升华出来的原始秩序就开始慢慢增长。这就是一个教育过程，就是一个道的演变过程。这有两个层面：一个是人，作为一个个体，其实他从出生到死亡，他无时无刻不在接受教育，用教育来影响他的人生，甚至在胎教的时候就已经影响了。作为个体，他受到的教育都是一个教育和演变的自我成长过程，但对于教育的提供方来说，这就是一个大概念——不仅仅是学校教育，还包括家庭教育、社会教育，乃至影响文化和价值观的宗教教育、文化教育等，是一个大概念的教育范畴。

教育有教和育。我在分享时，在国际交流时，别人问我你怎么理解

教育的时候，我讲这个概念时一定是从源头回想老祖宗对我们的教育。在中国文化里面，教和育是由两个字组成，教只是教你知识和技能，而育是培育人格和品格，育更加重要。

同时，社会形态也是一个演变过程。虽然教育工作始于个人层面，但是它的影响是远超于个人的。老师和学生的关系可以是个人关系，借助于这种关系，老师的智慧通过相关的知识、技能、价值观言传身教地传承下去，这个关系承载着整个社会的期望。通过这种载体，大家齐心协力共同营造一个良好的社会体系和教育体系，这个教育体系保证社会体系的美好未来。

世界上重要的发展并不是一两个人所成就的，而是来自社会中的每个个体，无论多渺小，他们都有着无穷的潜力，所以构建在一起就是未来的基石。

从另外一个角度讲，教育意义非常重大，是整个社会里面最复杂的一个体系，它的体系为什么这么复杂？因为它不单单是政府部门的事情，也不是一个学校的问题。它涉及教育体系中的每一个人，学生、家长、学校的管理者、知识的传授者、政策的制定者，几乎人人都卷了进去，所以它的体系是最复杂的。

我相信教育是现代文明的基石，一代又一代的人在努力推动它，技术的创新、社会的进步、正确的价值观乃至平等正义的推动都离不开教育。教育从来不是只关系到某一个人，而是每一个人。中国的古老智慧是源于儒释道三家，可以启迪我们的思想观、价值观，让人明辨是非，让我们深刻理解社会运作机制和社会伦理，教育我们怎样活出有意义的人生，所以是中国的传统文明孕育了教育的源头。

而在西方，古希腊哲学家苏格拉底和柏拉图认为，教育的目的之一就是获取知识，而这个目的和个人的成长、社会进步都息息相关，正因

为如此，教育本身就是一个美德，所以，西方的教育学它的源头就承载了教育本身的源头。

刚才也提到在中国文化的层面上，教育不限于知识、技能的获得。儒学经典《大学》记载：“大学之道在明明德，在亲民，在止于至善。”教育注重的是品德、社会功能和人的综合性发展。

我们今天看到世界面对着很多挑战，就不难发现教育的目的已经超越纯粹教授知识、孕育学生，全世界都在依靠教育，教育能开发和释放人的各方面的潜能，将有限的资源转化为无限的可能性。社会上存在着很多问题，环保的问题大家要解决，卫生的问题大家要解决，种种社会问题都是由人产生的，而且这些社会问题最后也要靠人去解决。所以，所有社会问题都会回归到教育，我深刻地理解和坚信，社会进步归根到底靠教育。

在现代世界几大成就中，值得一提的是整个文化素养的提升和基础教育的普及，这为年轻的一代尤其是弱势群体或者发展中地区的年轻人奠定了一个基础。这个基础是什么？他们可以自信地和这个瞬息万变的世界、高速发展的时代去接轨，用创新的方法给每个人打开不同的门。

所以，在经济全球化的今天，我们越来越崇尚知识为本，而创新又为经济增长带来动力，引领我们去找到方案，去解决我们现在面临的各种危机。从个人层面上，学习能帮助我们突破个人的界限，在老师的教学或者自我学习的情况下，学生可以越过现实和知识上的障碍，可以拥有冒险的精神，焕发好奇心，去培养学生的合作、自修、实验的能力，即使遭遇失败也重拾信心，再重整往前。

对于创新还有另外一个要求，要有更开明的思想。除了对世界的各种好奇心之外，还要有灵活变通的能力，这样才能把想法转化为行动，这些能力是教育能够给予我们的。

根据比利时根特大学和英国剑桥大学所做的一项研究发现，一个人受教育的程度越高，越能形成开明的思想。而从96个国家收集到的数据显示，教育能增加创新型人才的数量，使国家创新能力得以提升。

刚才说的是个人层面。

从政策层面看，教育工作者和政府政策的决定至关重要。你去到一个学校，一个学校关键是好的校长、好的教育工作者，老师决定着这个学校的发展。政府的决策也至关重要，通过规划良好的教育政策和干预手段去积累创新人力资本和培养人们发明创造的能力，就能激发大量的创新成果。芬兰赫尔辛基研究中心有一项研究显示：正确的教育政策能够推动创新并成就更多的发明。所以在工程和科学这些学科投放的资源与产生专利的数量有直接的关系。创新的净收益有所增长了，才会使越来越多的人因为教育的收益而受到激励，立志成为发明家。

所以，从政策的制定者、投资者、研究人员和教育工作者来讲，最重要的是什么？是他们的工作和决策将会对下一代的创新能力产生深远的影响。因为有这样一句话：需求是发明之母，需求就让各种发明产生。而在今天，人们的基本生存要求已经有所满足，而面对未来，面对所有的挑战也好，或者未来憧憬也好，教育是创新之母。这是我在新加坡管理大学首次提出这个想法。

创新已经是当今社会所必需的。创新从来都不只是依靠个人的努力，一谈到创新，我们脑海就会浮现一个个灵光乍现的场景，但实际上，创新是大家在各行各业里面通过协作转化过来的，从来不仅仅是一个人或者一个组织的功劳。所以伟大的创新不限于某特定的领域，而是各个领域相互依赖合作的结果，就是个人的灵光乍现加上各种的匹配生态、创新生态综合起来的。

如果教育要发挥创新之母的角色，教育工作者和教育政策制定者就

要为现今的教育有所投入并制定措施。要常常思考，当下教育生态圈是否与社会的发展相匹配。如果制造一个协作环境去支持具有前瞻性的事业，那我们就需要加强工商界、学术界、公众和第三产业之间的交互协作。在这个互相联系的世界，我们希望看见无数的年轻人蓄势待发、敢为人先。

所以，教育界内的创新生态其中一环就要逐步发展成多方合作。例如学校本身，你是如何利用合作伙伴的关系来把你的先进知识、技能融合进来，让学生获益和拓宽眼界。教育的技术创新也有助于提高学生的参与度，创造全新的教学经验从而营造有利于激发创意的学习环境。

当科技和教育相遇的时候，它所迸发的创意力量是势不可当的。很明显的例子，美国斯坦福大学和硅谷的合作，就是学校和私营部门合作的典范案例。据考证，斯坦福大学的历代师生与多达 5000 家网络科技公司有着千丝万缕的关系，像引领世界和家喻户晓的公司，如惠普、雅虎、思科、太阳计算机、易贝等。斯坦福大学跟硅谷的合作，就代表了教育和科技的共生关系。从而培养了多元化的学生群体，营造了不断学习的氛围，也发扬了学生的冒险精神，鼓励学生尝试新事物和发现未知。这些都是教育的一部分，都有利于构建创新教育生态的重要因素，不是象牙塔里面的空想。这种现象不仅仅在斯坦福，在以色列，在新加坡，在中国沿海和一些科技发达的地方都会看到这种共生关系的形成。

在谈到未来时，一个是上面这样一种变化，一个是我做了一些很有意义的教育项目，但是很多事情做起来太难了。我基于两个出发点，第一，好的东西应该是属于全世界的，应该人类去共享，不能局限一个国家。第二，教育是什么，具体一个项目一定要一个人去做，但是教育最终是个合力，需大家来认同和推动。

亚洲现在是全球发展最快的地方，因为别人看欧美的时候也在看亚洲，很多地方都令人赞叹。这个时候就需要有一个平台去做教育这个事。

所以我创立了“一丹奖”，这是一个扎根于亚洲的全球性平台。奖只是一个奖而已，只是一个媒介，但我希望这个媒介最终的目标是大家透过奖去讨论，把目标聚集在什么是最好的教育，什么是我们面临的全球性的挑战，大家一起来推动和讨论，一起相互学习，把好的案例互相运用。

亚洲不仅是当今经济高速发展的地方，它还是古老文明的摇篮，它承载着人类深层的意义并孕育一些有着深远重大影响的发明。其实，创新流淌在我们亚洲人的血液里、每个民族的血液里。在东方，在我们每天的日常生活中，最简单的吃饭，就会用到筷子，这个筷子就是简单又智慧的发明，虽然只是两个棍子，但是解决了很多问题。就像亚洲人用全力为全世界提供一个很好的解决方案的思维和方向。亚洲教育工作者可以吸取中西方的优良因素，把两者都结合在一起，在自己不同的领域结合自己的国情、优势实现教育创新，从而激发社会创新力，也给社会提供一个案例。

纵观“一丹奖”得奖人，他们有创新、有变革能力和对未来有导向性和持续性，但其实我们看到，这个奖的得奖人还有一点不一样，他们都是教育工作者。他们对教育工作充满了热诚，有担当、有热情，是有前瞻性的领袖，在面对国家教育上，他们采取的应对方法让我也很受启发，因为这些方法同样适用解决全世界范围内的类似问题。

讲到零到无限这个理念，我想讲一下2017年“一丹教育奖”的得奖人，他倡导成长型的思维模式，就是学生的思维是可以改变的，将固定思维模式转化为成长思维模式，是遇到困难时会继续成长，不会让困难困住他。这种思维会伴随他一生，形成一种本能的思维，会高度提高他的自信力和解决困难的能力，体现了教育对学生可塑性的深远影响。

教育研究奖，由心理学教授获得，是用一种方法来激发人的潜能的一种教育方法的典型代表。另外，当年的发展奖获得者是一名哥伦比亚

的教授，那个地区太穷了，贪污和毒品横行。在南美洲，她辞去了教育部副部长，她“以学生为中心”融合各种课程，专门做农村的教育。通过混龄教育，她最后验证出来的成果比大学、城市里的教学水平和能力还要高。其实我们现在做的以学生为中心在城市探索的教育方法，她已经先做了。这种模式，让一个资源匮乏的地方发展成为教育作为资源、作为民生资源，而且是高质量满足创新需求的地方。

今年的慕课创始人，他通过互联网平台将教育的课程发送到各个地方。而去年的研究奖获得者，他用语言分析的统计方法，根据我们的大数据再统计，就是用实证验证教育的效果到底怎么样，这种方法也用在医学上，很有启发性。实证是无法辩驳的，在决定教育政策的时候，在学校资源投放的时候，用实证的方法来投放，就让大家有了共识和用数据来说话的依据。

“一丹奖”还很年轻，希望它能持续去寻找和表彰在严峻教育问题上有持续性和创新精神的解决方案，也是希望他们这些具有突破性和改变世界的教育成果能够展现和学习。我始终相信，这些由少数人进行的开创性的研究应该成为所有人的资源。

我希望有一天，由中国人创立的“一丹全球教育奖”能有中国人获得。这几年来，中国在这个奖的申请数量上已经在不断地提升。中国在教育领域的创新上，有很多成果值得深入地研究和总结，希望它们能展现出来，为这个社会、为这个世界作出贡献。我也希望中国教育在全球对话的交流中可以得到更大的推动，也可以把我们这个好的教育进行推广，去贡献我们东方人的智慧。

这个奖具体怎么做？虽然每年才两个奖，但是我们发现，其实在近千份的申请中，进入第一轮的前 50 名，每一个都是不同教育领域的优秀创意者。今年最终获奖的会是什么领域，我也不知道，我充满期待，这

就是教育的多样性。

去年，我决定捐赠腾讯股票，去成立一个慈善信托，聚焦在教育发展。未来，这个捐赠致力于两方面：第一，在前期基础上有好的网络资源，能够寻找到全球最优质的教育项目，推进这些优质教育项目有效对接，包括“一丹奖”这个获奖项目和提名项目的对接，尤其是在中国的落地。第二，希望支持中国教育的发展和创新，开拓一些有意义的项目，这种项目有普适的模式。比如说现在在武汉做的公益民办大学，我会支持它继续做下去。

我想说，创新并不是一个人的事业，包括在座各位都有独特的潜能，特别是我们这一代人、我们下一代人，我们下下一代年轻人，他们都有无限的可能。我希望通过今天的演讲跟大家群策群力，持续地跟着前人的步伐，也为后人播下希望的种子。

“路漫漫其修远兮，吾将上下而求索”，我初中时就把刻有这句话的礼物送给了我的亲戚，我亲戚一看说，求索好辛苦啊。但我想分享求索不是苦的过程，而是正向快速的进程，在行进中探索成长并体验成长的快乐，这个求索是一个成长。面对未来，要敢于冒险，不懈地拓展才有能力开启世界之门，也为自己、未来、下一代开创无限的可能。好，谢谢！

新时代：教育理念与实践

朱永新　（全国政协常委兼副秘书长、民进中央副主席）

我对一丹先生的情怀一直很钦佩。其实，我们一直在关注“一丹奖”，当然，我们在关注是否有中国人拿到“一丹奖”的时候，我们更关注“一丹奖”的成果在中国推广应用的情况。好的教育理论和探索应该是全球共享的。的确，教育是推动社会进步、推进人类文明最重要的事业，但正因为极其重要，正因为如此的有影响，反而被大家所忽略，可谓是大音希声，大象无形。大家关注的是我们身边的教育，我们自己的孩子，关注他们的学习负担，他们面临的成长的问题。

但是，究竟好的教育应该是什么样，究竟教育有什么可能，人类发展的无限可能在哪里？这几十年来，我一直在致力于一件事，就是探索我们的教育改革与发展。

很多人碰到我都问：你做的是新教育，新教育到底怎么回事？其实，在人类教育历史上就曾经有一个新教育运动，一百多年前从英国开始的新教育运动，对整个教育思想史和整个人类的教育变革起了非常关键的

作用，那些非常伟大的教育家几乎都和新教育相关。所以，一定意义上，我们把自己的教育探索命名为新教育，是想传承这样一种教育探索的精神，传承这种尊重人、尊重儿童、尊重个性的教育传统。

在二十世纪二三十年代，中国也有很多伟大的教育家，如陶行知、晏阳初、陈鹤琴等，把他们的探索命名为新教育。我们这里所说的新教育，有这样几个特点：

第一，以教师成长为起点。整个教育的关键问题在教师，谁站在讲台前谁就会决定教育的品质。一个好老师就会有一群优秀的孩子，一所学校有一群好老师就会是一所好学校，教师一定是教育最关键的问题。很多人都把目光聚焦于学生时，我们首先关注的是教师。

第二，我们有新教育十大行动。在中国，教育变革的推动如果没有好的抓手，人们就不知道怎么去操作。所以，只有把教育理论变成行动，老师以行动为导向，才好去践行新教育的理念。

第三，帮助新教育成员过一种幸福完整的教育生活。参与实验的人我们称之为共同体，有共同的价值、愿景和目标。幸福完整的教育生活是关键，我们要求实验学校把这几个字放在学校最醒目的位置上，我觉得这也是人类的教育理想。

人类几千年做教育，其实就是两个关键词，一是“幸福”，一是“完整”。幸福就是人活着是为什么，人类到底是向什么方向去做。现在我们经常是把过程当作目标，或者目标并不清晰。人最重要的目标是幸福，这是从亚里士多德开始的。钱多幸福吗？不一定幸福，地位高能幸福吗？不一定幸福。什么最幸福？每个人的幸福标准不一样，但是毫无疑问，幸福跟人的主观感受，跟人在成长和探索过程的历程有密切关系，我们要把这种幸福感给孩子。真正最重要的幸福是人的成长，成长和幸福是联系最紧密的。

学习过程本身是一件快乐的事，但现在学习变成一件很痛苦的事情。求索本来是快乐的事情，因为人类是有好奇心的，儿童对世界充满着好奇心，但现在也变成一件痛苦的事情。我刚刚做新教育时听到一个故事，让我下决心这一辈子好好做教育研究。天津一个校长跟我讲，他们学校有老师跟学生谈话，因为学生的学习不好。没有想到，谈话谈到最后，那个学生把桌子一拍，说："这个学习谁发明的，老子不干了！"这就是不快乐。

我们要把快乐幸福还给学生。什么是好教育？其实也很简单。当一个孩子下课时候还不想下课，放学的时候不想回家，放了假一直盼望开学，这样的学校和教育一定是好教育。我们都经历过这种时光，但是现在这样的生活，在学校里有多少？所以，我们需要给孩子们创造这样的幸福和教育。

教育的第二个关键词是完整。我给它一个定义，就是让人成为最好的自己。好的教育不是学统一的教材和大纲并进行统一的考试，用"一把尺子"去"量"所有的人，那样只有一个英雄——就是分数。现在中国教育、世界教育有一个很大的问题，就是我们用一个标准看待所有人，把能不能考上清华、北大、哈佛、耶鲁这些名校，作为教育好不好的唯一标准。

其实，我们知道，最好的教育就是帮助每个人成为最好的自己。所以新教育一直在倡导让孩子们和美好的事物去对话，让学校成为汇集美好事物的中心，让孩子们找到最好的自己，让他把他的潜能和个性充分地发挥出来，这是最关键的。我们一直在说，老师和校长一定要抓住这一点，所以整个新教育的理论构建也是从这里出发的。

我们把新教育定义为民间草根的探索。我们从来没有用行政的力量去推动，尽管我们和教育行政部门有合作，但是我们一直是民间的教育

机构。我们新教育研究院、基金会，新教育的各种研究机构，全部是民间的，但是我们和政府一直在很好地合作，自上而下、自下而上推动我们的教育变革。

有人问：你是怎么想起来做新教育的？现在回头来看，也许和两本书有关系。第一本是《管理大师德鲁克》。1999 年，我读到该书最后一页时看到这样一段内容：德鲁克和他父亲一起去看望病入膏肓的熊彼特时，熊彼特对德鲁克说："我到了这个时候我才知道，仅仅靠理论流芳百世是不够的，除非能够改变生活。"这句话对我影响很大，因为当时我只有 29 岁，就已是江苏省最年轻的副教授。那个时候，写文章、出版著作、拿科研项目是大学里教授最重要的事情，最喜欢干的活，我当时也是在做这些事情，压根儿没想到能不能改变生活。熊彼特的话警醒了我，作为一个学者最重要的使命就是改变生活，作为一个教育学者最重要的使命就是要影响教育，去改变教师。这句话在这本书的最后几页，并不起眼，但是对我触动很大。之前我不断地写书、发表文章，不断地努力想成为有影响力的学者，把成为学者本身作为目标，但从没有把改造教育、改造社会作为目标。

《管理大师德鲁克》这本书真正地触动了我。从那一天开始，我开始改变自己的行动方式，开始到学校去。在大学的评估体系中，到学校去，跟科研和成果没有关系，但读了这本书以后，我意识到，影响一所学校，影响一个老师其实比写一本书可能更有意义。这本书让我找到了自己非常重要的人生方向，那就是做一个行动者。要从一个理论工作者，变成一个真正的教育行动者。

2000 年，我出版了《我的教育理想》一书。这本书跟我之前所有的书都不一样，我过去的书都是引经据典、纯学术的，研究思想史为主的，但是这本书完全用另外一种语言，写的时候，我很清楚我是写给一线老

师看的。这本书已经出版20年了，现在还在印，非常受一线老师的欢迎。这本书在20年前出版时也引起了很大的反响，很多人写评论，说这是中国教育的“乌托邦”，有人在《光明日报》发表评论文章，题目就叫《飘扬的“乌托邦”》。有人认为，这些东西非常美好，但是没法变成现实，在中国这样一个应试教育机制下，你这种想法只能是理想。有人说：有本事你办个学校，有本事你做给我们看看。

这是一个很大的挑战，如果没有行动，没有把理想变成现实，很难真正鼓舞人。欣慰的是，《我的教育理想》这本书的确在很大程度上点燃了很多老师、校长和教育局局长的教育梦想。我去年到宁夏去，宁夏一个教育局局长拿着一本翻烂的书给我，说他15年前看到这本书，已经读了5遍，我很感动。

2002年是新教育关键的一年，我们办了一个网站——教育在线。“教育在线”创办时比“中文在线”办得还好，“中文在线”现在已经上市了，而我们一直坚持公益，从来没有往市场方向去走。“教育在线”上线不久就来了5000名教师，当时在中国教育界是一个很有影响力的教育网站。这个网站一个很大的好处就是为我们的新教育实验提供了传播的平台，新教育最初的理念很快通过网络传播出去了。所以互联网不仅仅是改变了社会，对教育的助推也是非常大的。

我看了《管理大师德鲁克》之后，走进的第一个学校就是常州市武进的湖塘桥中心学校。这是一所常州农村的中心小学，这所学校的奚亚英校长听了我一场演讲，就不断邀请我去学校，恰好我也希望能够真正去和一线老师接触。去了之后，我就开始与学校的老师们交流，还带了徒弟。现在，当年的“徒弟”已经成为教授级的特级教师。《我的教育理想》出版以后，很多人希望按照这个教育理念办一所学校，我也一直在寻找能够把理想落地的学校。一开始在苏州找了几家名校，校长们说，

阅读、写作等我们都在做，而且做得很好。优秀是卓越的最大敌人，他没有成长的动力，他都已经做得很好了，他还能做什么呢？再去找比较差一点的学校，看了几所差一些的学校，发现根本原因是这个校长没有精神。一个人没有精神做不成事情的，没有变革的冲动，没有澎湃的激情，我也不敢冒这个险。我想，不妨干脆找刚刚创办的学校。当时，正好我们苏州市下属的昆山新办了一所玉峰实验学校，双方一拍即合，我们就启动了第一所实验学校。一开始，把《我的教育理想》凝聚成六大行动在这个学校去做，经过多年的发展，我们每一年开一次年度会议，每一年解决一个教育领域的重大问题（比如说去年我们做了科学教育，今年做了人文教育），我们组织团队攻关，不断引领新教育学校前进。

新教育有五大理念、十大行动，有自己的课程体系与文化系统。这些年来，我们主要在这几个领域做文章。

第一，阅读。2018年我在远集坊专门讲过一次阅读。新教育关于阅读的贡献是最特别的，因为我们认为教育和阅读虽不是一个同心圆，却是一个交叉度很高的圆，阅读能力、阅读兴趣和习惯是一个人成长的最重要的基本功。一个人把阅读问题解决了，一个学校把阅读问题解决了，教育的问题也就差不多了，就不用太大的担心了。有很多学者虽然没有上过很多学，但学问很大，如沈从文等，他们就是从读书开始成长起来的。在一定意义上可以说，上不上学并不要紧，最要紧的是会不会读书。新教育提出：一个人的精神发育史就是他的阅读史，一个民族的精神境界取决于这个民族的阅读水平；一所没有阅读的学校永远不可能有真正的教育，一个书香充盈的城市才能成为美丽的精神家园；共读共写共同生活才能拥有共同的语言、密码和共同的价值。这是指导新教育推进阅读的基本理论。

我们做的一件最重要的事就是研究书目，不知道“读什么”是非常

严重的问题。仅是我国，每年新出版的书就有四五十万种，老师们怎么选？孩子们怎么选？现在很多孩子用大量时间读那些根本没有用、甚至很糟糕的书，这是非常可怕的事情。一定要把最美好的书籍给最美丽的童年，所以我组织团队研制了一整套从幼儿、小学、初中、高中、大学的书目，解决“读什么”的问题。

仅凭我个人的阅读经历，我很难为孩子开个书单。但是经过我们团队长时间精心打磨，我相信这个书单是目前中国最靠谱的书单。我们正在研制中国中小学学生阅读书目，准备在这个基础上为中小学的每个学科再精选出一百种书。同时，我们还将启动中国人的研究书目，为中小学生的项目研究推荐书目，作为“中国人的书架”。美国有一个学者写过一本书叫《造就美国人》。他认为，美国人是怎么形成的，就是那些曾经影响过美国人的精神世界的最伟大的书造就的。让那些最伟大的书伴随着我们成长，这是很关键的。

新教育最初是六大行动，后来扩展为十大行动，十大行动中最基础、最关键的是营造书香校园。其他项目可以慢慢做，但是阅读的事情是不能放过的，因为阅读太重要了。所以我们专门成立了“新阅读研究所”，研究所现在汇聚了 10 万名父母，举办公益活动近 8000 场，直接服务人次超过了 1000 万。每天早上，我会通过新浪微博和头条为孩子们推荐一本书，和父母共读教育的经典。

“读什么”问题解决以后，我就研究“怎么读”。我们做了一套课程，这就是新教育的晨诵、午读、暮省。我们认为，它是一个比较理想的儿童生活方式。“新教育晨诵”，就是指新教育的学校每天用一首诗歌来开启一天的学习。新教育的晨诵，不仅仅有仪式感，对儿童整体成长有关键作用。此外还有新教育的生命叙事剧展演等等。

新教育除了抓阅读以外，最下功夫的就是教师。美国麻州大学一位

资深教授说，新教育解决了世界教育的大难题。什么大难题？他说，美国教育科学研究是很领先的，有很庞大的研究团队和成果，但是这些研究成果在中小学并没有得到很充分、很合理、很科学的应用，一线老师往往对理论不感兴趣，而很多大学老师又很难真正沉到一线去。新教育实验提出了一个“职业认同 + 专业发展”的教师成长模式，我们提出生命叙事理论，鼓励那些优秀老师能够把自己的故事变成一个传奇。怎么把故事变成传奇？首先就要为自己生命寻找原型和榜样，正确面对生命中的各种困难、遭遇等。

新教育的专业发展，即：专业阅读、专业写作、专业交往。这是总结了各种教师成长流派形成的“三专理论”。我们要求教师要真正掌握教育理论，因为一个教师的所有行为，背后一定是有理论逻辑去支配他的。真正读过教育的经典著作，他会把握教育的精髓，他会用这个理论的模型自觉不自觉地指导他的行为，教师们在有了一些最基本的理念之后就会产生很大的变化。

第二，就是写作。怎么训练教师的思考能力？其实写作是最有效的方式。我曾经开了一个“朱永新成功保险公司”，我对老师说：你每天坚持写一千字，记录你的课堂、你的故事。写十年，不成功我赔偿，以一赔百。这么多年下来，一大批教师在“保险公司”中成长。在一线教师队伍之中，出版著作最多的人，许多可能就是来自新教育团队。我们还专门做了新教育种子计划，培养年轻教师，帮助他们很好地成长，带动周边的人，并做了网络师范学院。前年我写了一本书叫《致教师》，这本书在教育理论界非常受欢迎。

美国休斯敦学区的叶仁敏博士做了一个关于新教育实验的定量研究，用了四个变量：一是学历，二是教龄，三是工作区域，四是新教育。他们的研究结论让我很欣慰，在所有变量里面，新教育的变量对教师的教

育品质的影响是最显著的。你学历是博士还是专科不重要，你年龄是55岁还是22岁不重要，你在城市工作还是乡村工作不重要，但是只要认真做新教育的，就会有对教育的理解和情怀，对孩子的影响也就非常大。这个研究成果，他们前不久在加拿大做了一个报告，得到了关注，这个研究说明，新教育对教师的成长非常有利。

《中国教育报》从2005年开始，每年评选“推动读书十大人物”，每一年都有新教育的老师当选，而且最多的一年有4个，20个候选人里面最多的是6个。全国有1600万老师，每年选10个人，新教育能有1到3个，这是难以想象的事。这个比例表明，中国最优秀的教师群体里面，新教育的教师的确占着很大的比重，包括河南省每年评选最具成长力教师和教师团队，每年也都有新教育的老师，说明新教育对教师的成长，的确发挥了非常大的作用。所以很多人跟我说，你们新教育老师跟别人就不一样，他的眼神跟其他人都不一样，那种渴望成长和学习的感觉都不一样。

第三，就是课程。阅读是解决“读什么”，课程是解决“学什么”，“学什么”的问题跟“读什么”的问题一样重要。从20世纪80年代开始，世界上最流行的教育领域的科学就是学习科学。2018年，在深圳开了世界教育前沿峰会，主题就是学习科学。学习科学很重要，但是如果学习的都是没用的东西，学习再有效率又有什么意义？所以学什么的问题很重要，但是现在很少有人去关注这个问题，我们孩子在学校里学的东西都是天经地义的吗？这些课程都是不能改变的吗？你看，我们不断地在给孩子做加法，这个重要，要加上去；那个重要，要加上去，不断地加。

理想的课程到底是什么形态？所以我们就用了很大的精力来研究未来和当下的孩子们到底应该学什么。我们的研究得出这样一个结论，它应该是未来世界的方向，那就是生命教育课程应该是整个课程的基础。

教育首先为生命而存在，命都没有了还要教育干什么？教育应该让生命张扬和幸福，教育应该帮助生命更好地成长。所以我们把生命分成长、宽、高三个维度：生命的长度就是解决让人活得更长，生命的宽度是帮助一个人成为一个更好的社会人、受人尊敬和欢迎的人，生命的高度是教育人们要追求自己的精神世界。人是一个三位一体的人，但是目前没有这样的课程，所以我组织力量专门成立了“新生命教育研究所”（现在在深圳）研发生命教育的教材，现在已经出版了，我们还会逐步完善它。现在全国几百所学校在做这种尝试，我认为，生命教育未来应该成为每个人都必须掌握的基本课程。

在此之上，我们提出真、善、美的课程体系。真，我们提出两门课程：大科学、大人文。现在学校的科学课程是物理、化学、生物等，这个体系和现代科学相距甚远，现在通常是按照宇宙科学、生命科学、物质科学等领域来分。我们主张用大科学概念整合未来的科学课程，而且是所有人都要学的课程。现在我们很早就开始分科了，那么早不让孩子学习科学是不对的。当然，学理科的学生不再学文科也是不对的。

在我刚刚出版的《未来学校》这本书里面，对未来课程做了一些构建。有一些已经有了眉目，有的也已经完成了，但是还有的课程远远没有完成。我觉得这是一个非常关键的问题，到底应该学什么，是应该好好去研究的。

新教育的“十大行动”并不是一个严密的理论体系，也没有严格按照教育学的原理逻辑，而完全是一个行动逻辑，当下中国最缺什么，我们就做什么。比如“培养卓越口才”，因为我们很长时间是不让孩子说话和表达的，但是表达对人的成长又非常关键。比如“家校合作共育”，过去家庭和学校是分离的，但其实家庭在教育中有非常重要的作用，家庭对孩子的影响远远被低估了。其实，即使在今天，父母对孩子的影响

也是远远超出学校。美国的《科尔曼报告》说：父母和同伴对孩子的影响远远超出了学校和老师。在家校合作方面新教育也做了很多。

新教育实验对区域教育发展的影响力还是比较大的，跟我们合作的教育局已经有 147 个，参与我们的实验学校现在已经将近 5000 所，从规模上来说这是全世界最大的教育实验（注：2019 年底数据是 162 个教育局，5200 余所学校，570 多万师生参与新教育实验）。受新教育影响的学校很多，更多的是没有挂牌的学校，前年我到陕西汉中的一所学校，一进大门就看到：过一种幸福完整的教育生活。我说：校长，你是不是新教育学校？他说还不是，还没有申报。一个民间的实验靠滚雪球，从一所学校滚到 5000 所学校，这也是很有意思的一个现象。

这是我刚刚出版的一本新书（《未来学校：重新定义教育》），一个星期一万本卖完了。这本书是我们对未来学校的探索，因为新教育实验越往下做越发现方向比努力更重要。我们必须要看清楚未来教育是个什么样的，以防花那么多精力探索的东西突然有一天发现完全没用了。有一家很著名的教育机构跟我说，他们研发出来一套在课堂上观察分析孩子的学习行为的系统。我对他们说，未来现在的这种传统的教室都没有了，还要这个系统做什么？未来教育肯定是以学生个性化、定制化的学习为主的。把几十个人关在一起，学同样的内容这是不可能的。现代学校制度是大工业时代的产物，整个思维方式都是和大工业批量生产、高效率培养相关的，因为那个时候这已经是最好的教育方式。但是现在有互联网，有了现代教育技术，学习的便利性大大提高，时时处处可学，原来的学校体系已经完全没有必要了。我们根本不了解我们的孩子，像我小孙子刚五岁多，他就开始自发地学宇航、火箭的知识了。每个人都有自己感兴趣的内容，所以，让孩子过幸福完整的教育生活，让孩子成为最好的自己，这是未来教育的使命。

我们做了很多探索，从未来学习中心的整个构建到学什么，到谁来教、谁来学，都建立了自己的初步思考。把这个方向看清楚，对新教育后面的发展是有好处的。

最后讲一下新教育的影响问题。新教育实验做了两三年以后就受到了广泛关注，中央电视台曾经用了45分钟来关注我们做的探索，那期节目叫《心灵的教育》。当年很有影响力的《南风窗》杂志也提出：新教育实验是“中国的新希望工程”。

安徽省霍邱县是一个国家级的贫困县，6年前每所学校大概不到500人，做了5年新教育以后，每所学校平均回流到1500人。其实，这在很大程度上是人们对当地教育的信心上升了，学校对孩子的吸引力加强了，过去很多学生流走了，因为有了新教育，他们又回来了。

湖北随县是随州市的一个农村县，全市有73所初中，随县占25所。随县做了5年新教育以后，有23所初中进入了全市前30名，14所进入了前20名，7所进入了前10名。而且它主要的一项行动就是阅读，提升教育品质。

新教育学校学生的阅读兴趣、阅读能力、阅读习惯都优于没有进行新教育的学校。

新教育的著作也开始受到国际上的关注，已有20部著作被翻译成15种语言。前两年蒙古教育部还专门派人到新教育来培训。

由于时间的关系，今天就简单做这些介绍。未来不是我们要去的地方，而是我们正在创造的地方。让我们一起努力，共同为中国新教育的发展作贡献！我们愿意和一丹先生继续携手，为中国教育探路！

特邀嘉宾

史妍　（童趣出版有限公司副总经理）

作为一个儿童专业的出版人，刚才一丹总和永新主席讲得让我特别有感触，尤其是永新主席讲的：阅读和教育的关系。我们是一家专业做儿童出版的公司，今年是我们公司25岁生日，这25年来我们在做一件特别简单的事情，跟刚才两位嘉宾说的有一点关系，就是寓教于乐，怎么把阅读的过程和孩子的兴趣连接起来。虽然我们做了25年，直到今年也不敢说做得特别完美，因为这真是一件知易行难的事情。怎么给孩子既好看又有用的书，好看说的是趣味性，有用说的是功能性，我们还把好看放在有用前面。就像刚才永新主席说的，其实阅读的起点应该是孩子的兴趣，有用的东西很多，有用的知识太多了，但是怎么以孩子喜欢的方式呈现给他们，其实不是那么容易。所以我们这些年做的所有努力，那些孩子们喜欢的卡通形象，有国外的、有国内的，那些美好的承载着童趣的故事，还有充满了互动、创新的展示形式都是奔着一件事，就是好看。我们觉得好看太重要了，如果阅读不能引起孩子的阅读兴趣，我

们给的东西再有用，恐怕也是无效的，所以还是要从孩子的兴趣出发。

这几年我们觉得家长都希望给孩子一点和中华历史有关的东西，有关历史的东西很多，但是孩子们喜欢的、好看的又不太多。我们想给孩子们不一样的历史，我们觉得那些遥远的冰冷的历史可能离孩子们有一点远，我们想给孩子有温度的、接地气的历史，孩子要知道古人是怎么生活的，他们怎么穿衣服，出门坐什么交通工具，我们做了一套书，不是我们常见的那种朝代史，而是社会生活史，是以孩子日常生活中都能见到的，能感受到的事物为主，与家庭、交通相关，而且是以孩子喜欢的绘本形式展现的，在去年六一面市，上市以来也得到了家长和学校的好评。这件事我们做了三年多时间，想做到好看又有用真的不容易。

作为出版人，要尽量保持一种低飞的姿态，这样才能离孩子更近，才能站在孩子的视角上仰望星空。

特邀嘉宾

赵婀娜 （人民日报社政治文化部周刊编辑室主编）

教育太重要了，我简单地谈一下自己的感受。我感受到三种力量。

第一，情怀的力量。相信一丹老师、永新老师以他们的社会声望和能力可以做的事情太多，但是他们希望能够在自己力量允许的范围内号召更多人去做跟教育有关的事情，没有任何的理由可以概括，唯有一种力量，就是情怀的力量。而对我来说坚持教育15年，也正是因为这种力量。分享一个故事，这是在采访实践中遇到的一个故事，这个场景是这样的，一堂公开课上，前面一个老师在讲课，后面坐的都是来自全国各地的，前来观摩的老师，在课程设置当中有一个环节是需要老师让孩子们动手操作。这个环节要求15分钟完成，当15分钟过去的时候，全班同学基本都完成了，只有一个孩子没有完成。这个时候老师显然面临着两难选择，是继续按照平均的进度把课程继续推进，还是选择等一下这个孩子？他选择了第二种，等一下。可是当时间又流失了一分钟两分钟，那个孩子还没有完成的时候，孩子紧张了，老师也紧张了。老师又面临两难的选择，

继续等还是把课程继续推进？这个老师又选择了继续等。又过了五分钟，这个孩子终于完成了，这个老师给了孩子一个大大的鼓励。这个课程没有完成既定的教学目标，但是我认真观察了这些老师的态度，一种认为这是一个很成功的课，还有一种认为这不是一个很成功的课，因为它没有效果。后来我拽住那个老师问："你当时脑子里在想什么？"这个老师说："赵记者，我不知道您怎么看待教育这件事，在我心目中教育没有那么多华丽的东西，在我心目中只有一个概念，这个社会上有无数种工具、办法和手段去帮助那些跑得比较靠后的人，而教育是最重要的一种手段。"

第二，思想的力量。今天的教育有太多人有发言权，都拿着麦克风说几句，所以我们教育改革的发展步履维艰。越是这样就越是需要有健康的声音带领我们前进，但是这个真的很难。举个例子，在一节观摩课上，那个是游戏课，老师和同学们为了这场观摩课准备了很久，当这个课按照既定计划完成时，所有人都如释重负，一个孩子怯生生地举手说："老师，游戏课结束了，我们现在可以开始游戏了吗？"这个场景让我思考了很久，挖掘在目前教育事业中存在的真问题，这也就是我们新教育正在做的工作。

第三，行动的力量。我们太多人习惯坐而论道，影响很多人，但是越发意识到行动的力量很重要。正如刚才永新老师说的，我们不能只是停留于思想本身，要有实践。在我刚开始写教育文章时，一篇文章让我印象很深刻，我收到了很多一线老师的回信，那篇文章300字，题目是《从你们听懂了吗到我讲清楚了吗？》。其实各位老师都理解了，我们小时候在上课时老师经常会问："你们听懂了吗？"我们太习惯于被问了，但是老师应该问的是："我讲清楚了吗？"只有当老师讲清楚时，孩子们才会真的听懂，当老师没有讲清楚时，孩子们怎么可能听懂？这个出

发点的变化折射的就是一种行动的力量，就是不要简单地认为我应该去做的那些惯常的事情，而是从教育本身规律出发怎么样行动和改变。

这些是我今天比较大的收获，情怀的力量、思想的力量、行动的力量。两位老师是楷模、前行的目标、灯塔，我希望在两位老师指引下共同努力下去。谢谢！

特邀嘉宾

翟博 （中国教育报刊社党委书记、社长）

两位嘉宾的演讲有共同的特点：第一，有崇高的教育理想。第二，有崇高的教育情怀。这个教育情怀的背后是爱，首先是大爱，对国家、民族的爱，这是国家和民族振兴的基石，所以对教育的爱就是对国家和民族的热爱；其次是对教育事业的热爱，一丹是搞企业的，企业成功了支持教育，永新先生是从事行政工作的，但是把好多精力放在教育，这是对教育事业的爱；最后就是对教育所培养的人、中国下一代的热爱，这就是对民族未来的热爱。第三，有独特的教育建树。永新先生的新教育中好多新理念都是他独到的建树，比如说对于阅读的理念，还有一丹先生的理念，教育是创新之母，这句话很有意义，因为创新是国家和民族振兴的灵魂，而教育是国家和民族振兴的基石，两个都关系到国家的未来。第四，两个人共同有成功的教育实践，永新先生的新教育已经在全国遍地开花，“一丹奖”在全世界产生了很大的影响。

特邀嘉宾

徐锡华 （北京实验学校附属中学校长）

今天下午听了陈一丹先生和永新主席的报告后我很受启发，我们作为基层学校的校长，现在也面临着很多困惑。我们做了这么多年教育，有时候也很迷茫。学校到底要干什么？教育要做什么？一丹先生已经讲得很清楚了，教育不仅仅是要教授知识和技能，更要培育人的品格。

永新老师的新教育，从一个人的理想到一群人的行动，到成为一股洪流，正是他超前思想的引领。方向的引领太重要了，这两年新教育之所以能够成为全世界最大的教育改革实验，出了一批又一批专家和学者，以及一批又一批人参与到这个队伍中，他这种思想的引领，这种方向的引领，对中国未来教育的发展是一个很好的引领。

在我们中国，两位先生是代表，引领着中国教育乃至世界教育的发展方向，作为一个基层教育工作者，下一步我要好好研究两位先生的思想，把两位先生的思想扎扎实实地渗透到我们教育当中去，让孩子受益，让中国教育，特别是基层的中国教育有更好的发展，也为中国教育作出我们的贡献。好，谢谢！

第五讲

京剧的魅力

主讲嘉宾

杜镇杰

主持嘉宾

丁智勇

特邀嘉宾

胡振民　毕井泉　朱永新　翟惠生　李　舫　张华山

景晓文　李　军　姚瑞坤　李宝钧　李朋义　殷忠民

夏　珺　刘　广　李姣云　李　涛　马三喜　刘　波

李卉茵　梁　曦　文　蔚　南　昊　张钦坤　王　旗

京剧的魅力

杜镇杰 （京剧名家，北京京剧院领衔主演，国家一级演员）

接到今天远集坊这个交流任务以后，我很重视这个事，这是给我一个机会，我平时能这样面对媒体朋友说一说艺术的机会不多，为什么不多？因为我几乎把所有的精力都投入到舞台上了。今天我跟大家交流一下，把我的表演体会跟大家分享一下。

先说说京剧，京剧为什么说是国粹？大家都知道，二百多年前，四大徽班陆续进京以后，很多高水平演员都集中到北京，包括当时已经在北京站稳脚跟的其他剧种（如昆曲、秦腔、山西梆子等），从宫廷到地方都组织起来，形成了以“皮黄”为主要唱腔板式的新剧种，也就是我们所说的京剧。它把所有的戏剧里面只要好的东西都吸收了过来，是海纳百川的艺术门类，所以被称为国粹。您说国粹只是在那里表演吗？不是。

京剧的剧本（台词），没有那么多的大道理，都是特别普通的词句。您看昆曲很深奥，真得拿着本子去看，还得分析那句词去，那就太深了。我们京剧很简单，很亲民，很接地气，可是他又有皇家的东西。除了剧

本以外，服饰也是京剧很有特点的地方之一，今天时间紧，我没有带那么多东西来，就带了一件老生穿的蟒。您看这个蟒，当时北京市领导特别支持我们京剧的发展，2003年给我们拨了20万专项资金，用于制作服装，我充分利用这笔资金，把大部分老生行当所需要的服装都做了，当时从各地收了好多老金线就为了绣这个（指服装上的金线）。像这些东西，都是一针一针绣出来的，这是从美术上来说的。

此外，还有我们的脸谱。比如说我们的花脸，净行。一个脸谱代表一个人的性格，比如说红脸的、白脸的、黄脸的、黑脸的各自代表了一种性格，忠勇的、奸诈的、莽撞的、凶狠的，等等，一看脸谱，好人或坏人的个性一下子就出来了。

再比如说老生，以前是生、旦、净、末、丑。可是现在“末”行跟正生的行当分得不是那么清楚，干脆并在一起了，改为生、旦、净、丑。“末”行是什么呢？比如说，昨天晚上我们在长安大戏院演出传统剧目《四进士》剧中的人物——宋世杰，就可以算是“末”行。以前演出《四进士》，毛朋是第一主演，后来马先生（马连良先生以及周信芳先生）把宋世杰演成了主演。京剧《龙凤呈祥》大家都很熟悉，剧中刘备属于老生，乔玄就可以算“末”行，以前演出乔玄没有“劝千岁”那一段脍炙人口的唱段。这出戏后面出场的鲁肃也是“末”行，如何区分“末”行人物呢？在舞台上一目了然，“末”行都带着“满”（“髯口”的一种，指男性胡须），而不是老生那种“三绺”。

还有就是唱功和做派，比如说宋世杰这个人物，他的表演和念白比较多，这点也是“末”行的表演特点。刘备这样的人物在剧中“唱腔”较多，是那种正生的东西比较多。

说到老生，就不能不提到“四大须生”。其实，“四大须生”都是从一枝上下来的，都是从老谭（谭鑫培）先生那里发展过来的。我曾经

请教过我岳父（马长礼先生），我说，您既是马连良先生的义子，又是谭先生（谭富英）的徒弟，而且自己追了（指喜爱）杨先生（杨宝森），杨先生在哪住，您都搬到哪住去，您马、谭、杨、奚（奚啸伯先生）都学了。我岳父去俄罗斯参加青年艺术节，连吃西餐都是奚啸伯先生教的，从生活到艺术，他得到了“四大须生”四位老先生的栽培和培养。我问我岳父，怎么区分流派特点呢？区别在哪里？他说其实就是个气口。他没有说特别多，还说了一个，就是按照自己的条件来。

上面介绍了一些老生行当的基本情况，下面我想聊聊我个人的一些体会。在座的各位领导，包括各位网友朋友们，大家可能对京剧不是特别陌生。现在京剧市场并不是特别火爆，为什么？这值得每一名京剧从业者深思。我昨天演了一场戏，传统京剧剧目《四进士》，应当说，北京京剧院这些年来挖掘、继承、整理传统戏是有一定功劳的，继承了好多传统剧目。我们做了一个项目叫“寻梦·承泽”，光这个项目我们就整理并推上舞台将近60出传统剧目。

我们之所以着急，就是怕传统的东西没了，没了传统就没根据了。现在就有一个问题，我吐槽一下。我刚才说了四大须生，我们应该学什么？现在办了一些班，这个班，那个班，国家投入了很多。迟金声老师跟我聊：你们参加了这个班，不意味着你就是这个“派”。国家为京剧、为戏曲投入了太多，我们京剧人都知道，国家很支持我们，国家一直在培养我们。可是从演员自身来看，和老前辈们来比，不只是在艺术上有差距，在艺术观以及对待艺术的观念和态度方面，也差距太大了。

都说马（马连良）派好，马派好在哪？说人家潇洒，演电视、演电影，镜头都推得那么近潇洒依然是可以看得出来的，你在舞台上观众离你最近也得三四米，怎么潇洒？我老岳父马长礼先生琢磨这些东西琢磨得多，他曾经跟我说过，他的老师（未说明老师姓名）跟他说：长礼啊，你要

扮相没扮相，要武的没武的，你要一招鲜，你只要一张嘴就得把观众吸引住。我岳父见过马连良先生的演出，而且他们还同过台，又跟五六十年代的老演员们都同台过，所以他见得很多。

首先是脚底下（指舞台上的步法及站法），你学了马先生没有脚底下（指步法基本功）怎么行？脚底下就是站法跟他的圆场和脚步。我们在舞台上一站都是有规矩的，人物跟人物不一样，厚底（京剧舞台常用的一种靴子）一个站法，薄底（另一京剧舞台常用的鞋）是另一个站法，都是不一样的。包括这个脚步，穿蟒是一种走法，穿褶子又是一种走法，它又是不一样的，这些东西都是应该在课堂上，在学校里解决的。您看看马先生的脚步，从《秦香莲》这出戏中，王延龄这个人物的出场就能看出来，腰部要用力，如果腰部不用力，我们管这叫蹚水，就是说没有根，你腰里面没劲儿。老先生曾说：看旦角看哪？看肩。说旦角好不好？看肩上的劲儿。老生是腰里的劲儿，我们一上来之后要顶天立地。可是顶天立地顶了半天还有一个矛盾，因为你戴着胡子，你顶天立地这样就成武生了，要考虑有髯口，这里的劲儿都在腰里面。

有些人说马先生真潇洒，这个潇洒是松弛。有些人会说没有见过他在台上，您可以看他影像资料，他的影像资料中没有老拿个水袖在上面呼扇的。有一次我演出多抖了几下，回家以后挨了我岳父一顿呲儿，他说你没事老甩水袖干什么？不能没事来一下，不高兴了来一下，抖水袖是有说道的。马先生的表演，包括他的眼神。马先生的眼睛不大，有一些演员眼睛太大，就不能老学人家马先生了。还有些演员眼睛不大，本来眼睛小，您再画得细一点会好看吗？流派创始人的艺术特点，是人家根据自己条件形成了一套自己的方法来表现这个人物。所以说，该学的学，不该学的不能学。

再说杨派。杨先生受了嗓子的局限，可是杨先生充分利用了嗓音特点，

唱得很满，而且满得让人心疼，都给你送到底。马先生的唱腔是以声带字的，马先生的声音是“横”的，杨先生如果按照马先生的唱法，是唱不下来的，按照他的习惯，他肯定要改。马先生大段不多，唱这些小流水板，谁都唱不过他，因为他摆字，他把唱腔“裹”进去。杨先生是唱字的，以字带声的，他有自己的方式方法。您学杨派如果按照杨先生的方法唱，不行，归根到底您还是要按自己的条件唱，不能把自己挺好的嗓子憋回去，去找别人的发声方法，否则自己的嗓子就没有了，这就不划算了。

谭先生对顺声顺气，他怎么唱也不累，特点是什么？快板，而且特清楚，一板一个字。杨先生快板也好，可是他的唱法是不一样的。奚先生的唱法有独到之处。我上研究生时候的导师是欧阳中石先生，我跟他学习书法。我恢复的这几十出戏，只要有新演出，就把老先生请来，他说我跟长礼（马长礼）、元寿（谭元寿）都是几十年的朋友，我不管你台上，我就管你文化。这位老先生见得多，他常跟我说这个地方哪位先生是怎么表演的，我这个地方有什么让他感觉别扭的。作为中年演员，有这么一句话就很宝贵了，如果不是老师，不是这些老前辈们，就没人说我们了，因为都比我们小了，所以我现在在艺术方面是如履薄冰。

我是北京市政协委员，曾经提出过两个关于传统艺术和传统文化的提案，其中一个提案就是我们要留住传统的根。非物质文化遗产跟物质文化遗产不一样，故宫里面一幅画一个瓷瓶永远摆在那里。京剧艺术都在人身上，你不把我们的东西记录下来，以后就没了，因为京剧是在人身上的艺术，打个不恰当的比喻，我们就是文物。我从老师那里接过来的东西，老师走了他就带走了，有的没有继承下来。可是我接过来的这些艺术成果，假如有一天我不在了，这些艺术成果如果没有传承下去的话，那也就没了。咱们老祖宗的东西就这么一点一点地没了。现在，领导非

常重视这个事，研究怎么把这个根抓住。

我的第二个提案，就是如何宣传传统文化。现在，真正坚持在舞台第一线的人没有得到应有的宣传，因为他把所有精力都放在排戏、演出上了。现在我们京剧界老说社会浮躁，我不承认。要我说行内浮躁比社会要厉害，虽然京剧也是个名利场，可是京剧也不完完全全地是一种娱乐行业，它是一种文化行业，从业者你得钻研，你得去用功，你得去默默无闻地练功，你得去坚持，得去吃苦。真的是这样，我经过这么多年，特别是近些年来我和我的同事都在那里坚持，家里面有什么事也先放那里，先把我们的业务做好，所有精力都投入到业务上去，没有时间和精力再去考虑如何宣传。

现在是媒体时代，自媒体也好，网络媒体、平面媒体也好，都很发达。可是我们没有工夫研究，有一些人在家里不动，冲着镜头就有好几百万的点击量。我们吭哧吭哧在练功棚里面练了半天没人知道，可是我们也这么坚持了。比如像昨天我们演《四进士》，我到现在还挺兴奋的，一个是准备今天的交流，另一个是仍回忆着昨天的现场氛围。演出结束后观众不走，我们加清唱，感觉演员和观众真能融合在一起，亲和力特别强，那感觉已经不是在面对观众了，而是一种对朋友、对亲人的感觉。到最后激动得我说出来两句话：天太热了，大家保重！真的让我很受感动。其实观众很可怜，我们对不起人家，人家拿了钱买了咱们的票，你真给人家东西了吗？可以这么说，京剧是老玩意儿，老玩意儿好不好？这点大家放心，如果老祖宗传下来的东西不好也到不了今天，能到了今天就一定有存在的道理，有很多糟粕的东西早就没了，被淘汰了。那些糟粕传不下来，传下来的东西肯定是有价值的。

单从艺术上来说，没有手、眼、身、法、步，创作什么戏也不行。您说老祖宗绝不绝？绝。为什么？他给你整合了，这个膀子一上来就是

这样（做京剧“拉山膀”的动作），跑不出去。

再说戏剧演员的眼神，为什么总是这么亮？几十年我们都这么瞪着，我们刚开始上课时老师问：“你看见什么了？”我说看见墙了。老师接着问：“墙外边是什么？”墙外边？不会看，不知道墙外边是什么。老师说，老远，你看吧。在舞台上手势跟着眼睛走，眼睛跟着手势走就好看。从眼神上表达一些惊讶、高兴的心情，都是在眼睛上表现出来的，这个需要不断地训练啊。身段也是这样，我们讲究欲左先右。在舞台上不能要往那边走，就这样直着走过去，我们在舞台上要往那走先往这走，这就是好看，你要往前走也是这样，得先有一个停顿，这是来源于生活却又大于生活，是一种美。

京剧的表演，基本都是程式化的东西。像《四进士》里盗书一折，宋世杰去盗取差官的信。差官把门关上睡觉了，舞台上没有真的门，你说怎么进去？大家都知道农村就是两扇门，宋世杰拿一个灯，拿一个茶碗，摸一下这个门，配合着那个音乐，我们这里也有乐队，我把这一场给大家表演一下看看能不能看得懂。通过现场表演《盗书》片段，想说明演员得有生活，而且必须得在京剧的表演程式下进行。

话剧演员学习京剧可以丰富他的表演，京剧演员如果说不继承咱们程式的表演形式，不好好表演，那就不是京剧了。因为电视可以把镜头推得很近，脸上汗毛孔都能看到，悲、喜、乐都能一目了然。京剧不行，舞台艺术不行。舞台艺术需要一定夸张的表演，你不这样表现人家观众不知道，感受不到，所以你就得这么表现。京剧表演还有一些虚拟的东西，比如说《三岔口》，剧场灯光那么亮，可是演员要演出漆黑一片的感觉，并且让观众真真切切地感受到。您说难不难？这些都需要在学校里、在课堂上学习。

因为我现在这个年龄，我不是保守，再坚持两年，几十年舞台生涯

也差不多就功德圆满了。我年轻时候也不服气，也喜欢赵丹，可是我们把人家的东西搬过来不管用、不行，一穿上就没法动了，所以基本功很重要。

咱们京剧不是不能吸收人家的东西，可以吸收，但得分怎么吸收。现在的京剧，让我担心的就是闭门造车。人家别的剧种也在继续吸收好东西，比如豫剧。前些日子，我在长安大剧院看了豫剧，耳目一新，把我们京剧的很多东西都给“盗”过去了，我说怎么这么漂亮了？它已不是地方戏了，很多学生到北京，到各地去培训、学习。

我们京剧曾有千八百出戏，现在还有多少？我们这些年来就这么一个“寻梦·承泽”演出项目，我们在夹缝中生存，不到60出了。满打满算，我几十年学习了还不到一百出戏，我们这一代人里，我掌握的算多的了。再过两年，我退休了可能连这个数都没了。

其实我不是可惜这个，我是心疼我的那些老师，我的老师都是在舞台上滚了一辈子了，一身的经验，满肚子的学问啊。您问吧，问不倒，包括历史，包括人情世故，包括咱们的老规矩，可是现在呢？没有了。

今天说了半天，最后总结下：第一，咱们说事不说人。我是真着急，我希望广大网友在看戏的时候，也要给我们一个好的回馈，我们是演给您看的，所以需要通过您的评价来总结提高，这是我们的宝贵财富。京剧没有派别流传不下来，因为有时候不是看一出戏，而是看一个人去的，这个派别很重要。可是我奉劝我们行内的从业者，派别不是最主要的，最主要的是派别创始人的思想，是那种拼搏、海纳百川、勤学苦练的精神。等你练成了一身本事，到最后观众拥护你了，你就有了派别，这不是行政封的，是观众给的。京剧要不就是一茬不如一茬，要不就是名存实亡，就没有那些真玩意儿了。

所以我希望我们的演员们要付出努力，多给观众东西，要多给观众

想不到的、耳目一新的东西。京剧二百年了，就这么一碗米，大家都往外掏，没人往里放，总有一天没了，掏完了。所以，我希望大家现在应该博学、多看，我们的耳朵不能穷、眼睛不能穷，要多看、多学。现在人家别的剧种，你们看看吧，大部分都超过咱们了，因为国家跟政府在支持着咱们，所以千万千万自己别一断奶掉地下了。我就说这么多。下面我给大家唱两段。

我将要演唱的是京剧《洪洋洞》其中的选段，这一段讲述的是杨延昭染病在家，不久将要离世，向八贤王（赵德芳）诉说得病经历。我学这出戏时还有个故事，现在学戏不是特别讲究这些东西了。我在二十多岁就学了这出《洪洋洞》。我岳父说什么都可以唱，但是，一个是《洪洋洞》不要唱，一个是《四进士》不要唱。他说，你唱也唱不好。我说为什么呢？他说，你火气太大。开始我不了解，我怎么火气太大了？他说，你唱“不死”，你唱着唱着把自己唱“活”了，你怎么唱“死”啊？因为剧中杨延昭演唱完这段就不行了。可难就难在这儿啊，你既要将唱腔完整地唱出来，还不能表演得没有劲儿，还要演出即将离世、病入膏肓的感觉，所以说这个戏比较难演。

下面我为大家演唱京剧《洪洋洞》选段。

以上是我自己的观点和想法，希望各位领导，各位同行、网友、朋友们多包涵。谢谢大家！

主持嘉宾

丁智勇　（知名票友）

过去讲台上一分钟，台下十年功，十年能出一个状元，十年不一定能出一个京剧表演艺术家。刚才杜老师也讲了，世界非物质文化遗产，都到遗产了，我们得继承下去，要不遗产越来越少了。习总书记讲文化自信，我们文化自信的基础是什么？首先要了解我们的文化，要继承我们的文化，最后发扬我们的文化，才能真正做到文化自信。从京剧的发展，包括现在整个情况来看，确实体现了一个如何继承、如何发扬的辩证关系。我们京剧艺术有非常大的魅力和社会认可度，我们有国家的支持，我们有专业演员的坚守，我们有爱好者的参与，还有我们观众的热情，我们京剧还是会继续发扬光大的。

特邀嘉宾

翟惠生 （中华全国新闻工作者协会原党组书记）

对于京剧来说，我还有点资格评论，为什么？就是因为我是个京剧的观众，美不美就俩字，比较。我在不同场合说过，我四岁开始看戏，梅兰芳的戏我看过，马谭的戏我看过，包括马长礼老师的戏我也看过，正因为都看过我才有比较，正因为有比较才有发言权。

现在像杜老师这样的京剧演员不多了，他忙着排戏练功，一直在坚持。京剧讲究玩意儿，什么叫玩意儿？故宫博物院的人都说了，故宫博物院里面的东西都很值钱，但是能称得上玩意儿的没几件，他得有文人的气息，能够抓住你的魂，让你心贴得近，不容易。杜老师能体会到这一层，我感觉欣慰啊，他在台上的表演有玩意儿，听起来容易，做起来太难了。故宫那么多件宝贝，没几件称得上玩意儿的，我们京剧的好角就是玩意儿。

京剧不苦练，不从小学真不灵。我们都会唱两句，那叫爱好者；您是票友，能唱两句，但是不能扮上唱。现在我根本就不敢张嘴，越唱越不敢唱了，差距太大了，手、眼、身、法、步缺一样都不叫戏。我说京

剧唱的是气力，不是力气，一个人物一个气口，您表现的人物的力是为气服务的。比如戏里杨延昭都快死了，您不能还卖力气呢。京剧是口传心授的艺术，绝对不是光听录音和看录像就能学会的，不是这么回事。

所以就得把人物琢磨透了，让台上的人物跟观众的心气能对得上。演员站在台上，就得让观众爱上，演员一个眼神，就得勾观众的魂。地方戏就是地方出来的戏，京剧为什么是国戏？这是国家的，被主流社会所看上的。我们不要轻易地称谁为京剧表演艺术家、著名京剧演员。现在很多年轻人不够这个档次，但是还贴这个金，这是不对的。所以要供给侧改革在我们自己，好的玩意儿有了，台下观众自然会买账，自然会受到感化的。

京剧研究生班要研究什么？我归纳四点：一是学京剧的魂。魂就是今天说的价值观，您所表现的人物，要么是忠义的，要么是奸诈的，京剧所有的活儿都是演这个。二是要多听京剧的事，京剧 200 年的积累，要多知道事，通过跟人聊天、听人说，知道得会越来越多。三是必须要学习京剧的神，神是什么？最高级的艺术于无中有。四是要学习京剧的形，知道了神以后，这个形自然就出来了。比如周瑜小生的念白，在周瑜说到刘备的时候，他永远走下音，为什么？尽管蜀国是他的同盟，但他瞧不起刘备，跟曹操交兵对垒时，总是走上音，为什么？因为他仰视曹操，这是他的心理状态。如果你不知道这个神和这个事，怎么能演出来这个形呢？我说的就是这个意思。

特邀嘉宾

张华山　（原中央电视台分党组成员、副总编辑、中国电视剧制作中心原主任）

听到杜镇杰老师的讲话，收获不小，一个演员他在台上要立住，他不是靠自己的声音或者自己的形象的亮丽取胜，而是靠他塑造的人物赢得观众的认可。我是一个电视传媒人，传播弘扬中华文化，戏曲是很重要的一个方面。1996年，为了培养跨世纪的京剧接班人，中宣部准备办中国优秀青年京剧演员研究生班，为什么办这个班？就是要把这些没有学过、没有看过京剧的青年演员集中起来，由中宣部出资把老师请来，给他们集中上课，培养我们跨世纪的京剧接班人。我们是电视传媒人，当时领导提出我们对传统艺术宣传得太少，但那些流行的东西却连篇累牍地进行传播和宣传。京剧是我们的国粹，不宣传是因为不懂，要培养跨世纪的京剧接班人，作为传媒人，首先应该和艺术家交朋友，怎么交朋友，我们要学会唱京剧。

为了解决观众不出门就能看到优秀的传统艺术表演，所以在中央电视台开办了戏曲频道，开办了空中剧院，把演员集中到一起，让观众足

不出户就能看到精美的国粹艺术的演出。作为电视人，我们做了一些具体的工作。在很多场合我都提议，我们所有观众都要学学京剧，为什么要学京剧？一方面京剧是国粹，另一方面从我们锻炼身体的角度出发，我们也要学会几段京剧。因为要唱京剧首先要身体好，第二要脑子记忆力好，第三你要协调能力好，要跟乐队能够配合起来，你要用气——丹田之气通过五脏六腑再到口腔，才能把一段京剧唱好。刚才杜镇杰先生讲到他的恩师也是他的岳父，我有机会接触到他，我们在澳门转播《杨门女将》，我们跟戏迷、票友进行联欢，我唱了三段。马先生说："你下来我给你说几句，听了你三段戏，你只能唱一段。"我问为什么，他说："那些段子你还要听原唱、原版。"

唱戏有三个阶段：第一就是吼，嗓子好就要喊出来。第二是开始琢磨到不要卖嗓子，而要把内容交代清楚才开始唱，就不用那么使劲了。第三阶段就是唱戏的最高境界，就是说，我一想起马先生唱的《沙家浜》，就能感觉到循循善诱。我得到这个真传以后，在马长礼先生过世时，我写了一篇文章，就是我亲耳听到他对我对戏迷票友学习的一种教诲，希望大家用心地去钻研我们的国粹，继承我们的国粹，在钻研继承的基础上，我们才能爱好，才能会唱几句，所以为了大家的身体健康，希望大家也多学几段京剧，谢谢大家！

特邀嘉宾

胡振民 （中国文联原党组书记）

今天我听了杜老师的讲座，受益匪浅。刚才张总说的历史过程，当年我在中宣部时全部参加了。你们几位讲得这么透彻，我感觉享受到了一场丰盛的精神大餐，对我这个外行来说是醍醐灌顶。我既不是京剧名家，更不是书法家，我今年已经73周岁了，就想表达一下对你们的尊重，给杜镇杰老师和我们的小朋友巴特尔写了两幅字，请大家指教。

第六讲

中国白酒的源流、酿造与品鉴

主讲嘉宾

宋书玉　张　良

主持嘉宾

阎晓宏

特邀嘉宾

张崇和　葛　珂　茅院生　王　岳　阙　超　刘广和

刘广伟　陈大利　袁其国　冯宏声　郑　直　张晨光

董素山　熊志远　王　旗　李以从　王　剑　秦　博

中国白酒的源流、酿造与品鉴

宋书玉　（中国酿酒大师、中国酒业协会副理事长兼秘书长）

非常荣幸今天来到远集坊，跟大家一起分享一下关于中国白酒的起源、白酒的文化以及白酒的一些相关的知识。

今天我给大家讲的题目叫作：《闻香识酒》。

我想从四个方面给大家分享：第一是讲一讲什么是白酒，白酒从何而来？第二是讲一下中国白酒有什么样的类型和特点。第三是讲一讲中国白酒的文化。第四是问酒。为什么第四个要说问酒呢？我们在上海有一场论坛叫“问酒”。白酒对于中国的消费者来讲，既熟悉又陌生，白酒在我们的社会生活当中非常普及。但是要把白酒说清楚，白酒的源头是什么，白酒如何去品鉴和欣赏，对中国绝大多数的消费者来讲是熟悉的“陌生人”，所以我们搞了一个论坛叫“问酒”，就是要把酒问明白。

我们在社会上征集了很多消费者对于酒的疑问，或者对于酒的认知误区，通过论坛和专家最权威的解读让我们的消费者明白酒。今天我挑了几个我们以往做过的消费者对酒认知上的一些比较薄弱的东西，给大

家简要地介绍一下。

要说白酒，首先要说酒从哪里来的。其实，酒是人类社会的一个发现，而并非是一个发明。关于酒的起源有五种说法：

一种说法是猿造酒说。在《粤西偶记》中说：“粤西平乐府，山中多猿，善采百花酿酒。樵子入山，得其巢穴者，其酒多至数石。饮之，香美异常，名曰‘猿酒’。”猴子采果和花放在石臼之中，遇到了空气中的酵母菌，就会发酵成酒。记得我小的时候看过一个动画片，我不知道大家有没有印象，猎人到山上去抓猴子的时候就会放两筐酒，猴子就闻香而至，就会去喝，喝醉了之后，猎人就把猴子抓到了，猴子特别喜欢酒，所以有种说法是猴子最早发现了酿酒的方法。

第二个是上天造酒说，说天上有一个酒曲星。酒曲星是酒的源头，是酒曲星发现了酿酒的方法。

还有一个是仪狄酿酒说，“帝令仪狄始作酒醪”，所以说仪狄是最早开始酿酒的。

还有一个我们比较熟知的是杜康酿酒之说，杜康后来被演绎成为一个善于酿酒者，是酒的先祖。实际上，杜康这个人在历史上是存在的，是夏朝的第五代国君，我们尊称他是发明酒的先祖。

另外是黄帝酿酒说，世间的什么东西也好，都是由黄帝发明的。

这是关于酒起源传说中的五种说法，酒源自于此。

酒是人类在社会生活的过程中认识自然而发现的，并非人类的发明。自然界中只要含糖、含淀粉的物质，遇到了水分和自然界中的酵母菌就会发酵成酒。举一个最简单的例子，我们在夏天吃剩的饭，到第二天就会有酸的味道，这就是发酵，里边都有酒的成分。

另外，有的地区至今仍然有酒醪的，在家里用煮熟的米饭，加酒曲做酒醪。酒最早的出现是源于自然发酵。在人类社会生活当中，我们的

先人逐渐发现了大自然酿酒的这种方式。所以说，大自然是最早的酿酒师，是人类在社会活动中通过和社会的接触及社会活动的参与，逐渐发现了自然酿酒的方法，但是人工酿酒是一个发明。

关于人工酿酒的起源有很多种说法，我们从三个考古发现来研究人工酿酒是从什么时候开始的：一个是磁山文化，一个叫贾湖文化，一个叫仰韶文化。

仰韶文化离我们比较近，大概有 7000 年左右，仰韶文化时期出现了一些酿酒的器具，如陶罐等。目前在格鲁吉亚地区做葡萄酒，仍然保持着仰韶文化时期的陶器发酵，可以断定仰韶文化时期人类已经掌握了酿酒的方法。

另外一个就是磁山文化，在河北邯郸的磁山，距今约有 10300 年，这个文化最大的发现是什么呢？人类改变了原来的游牧生活方式，开始进入到农业社会，最主要的标志就是种植粮食，开始种植谷物，开始养殖家禽，人们开始有村落这种院居的生活方式。磁山文化最重大的发现，是发现了一个储藏粮食的粮仓，大概能够储存 30 吨左右，同时也发现了一些酿酒的器具和遗址。

另外还有就是在河南的贾湖文化。贾湖文化遗址中发现了一个陶罐，在其中发现了迄今人类社会最早的酒。通过检测，这个陶罐中酒的残留物是由谷物、蜂蜜、葡萄、山楂来酿造的，也是目前世界上人类发现最早的酒，距今约有 9000 年。

所以，谷物酿酒的源头是在中国。这三个文化有力地证明了是中国人最早发明酿酒的方法。通过认知自然界，了解了自然发酵酒。而且人类通过学习自然、掌握自然的规律，来发明人工酿酒。所以说这三个文化对证明酒的起源来说是非常重要的。

在晋代，关于人类酿酒有一个非常好的描述，晋代名人江统《酒诰》

中说："酒之所兴，肇自上皇。或云仪狄，又云杜康。有饭不尽，委馀空桑。郁积成味，久蓄气芳。本出于此，不由奇方。"说得非常明确，就是我们的先祖把吃剩的饭放到了树洞里面，后来又忘了，过了几日之后发酵成了酒。这一段描述了煮熟之后的谷物发酵酿酒的过程，描述得非常完整。这时候最大的一个发明是我们的先祖用煮熟的或者没有蒸熟的谷物发霉的霉菌酿酒，霉菌就是我们经常所说的酒曲，用曲来酿酒的这种技术，在我们国家逐渐地由先人通过学习和总结，进而发明了用酒曲酿酒的方法。

《淮南子》里面也记载得非常明确："清泷美酒，始于耒耜。"关于人工酿酒的起源，非常明确地说明了是人类进入了农业社会之后，有了谷物、粮食的种植才逐渐发明了酿酒的方法。

其中我要介绍一下，这里边我们先人讲的最早的酒是什么。其实，中国最早的酒不称之为酒，称之为醴，糵造醴。粮食在储存过程中自然发芽，发芽之后的谷物我们称之为糵。糵遇到水之后就会变成酒，这就是我刚才所讲的，有一些地区现在还保持着做甜酒的一些方法，这也是世界上最早的啤酒。现在的啤酒都是由大麦发芽之后发酵而成的，所以啤酒也是中国人发明的，葡萄酒也源自中国，谷物酿酒也是源自中国。所以无论是什么酒，追根溯源都是由中国人最早发现并掌握的。

另外糵造醴的方法，我们的先人嫌弃寡淡，于是弃之，保留了用曲酿酒的方法。因为用霉菌发酵之后通过谷物酿造可以生产更高度的酒。糵造醴，醴的酒精度比较低，所以我们的先人"厌醴味薄而弃之"，保留了用曲酿酒的方法，这是关于酒的起源。

今天我们讲白酒，但是我特别要提到中国传统的一个酒，也就是世界上所有酒的鼻祖。目前从它的发现、发明到现在仍然在酿造的，就是我们的黄酒，是人类社会最古老的酒。所有的酒都是从学习黄酒的酿造

方法演变过来的。所以我们总结酒是由中国人发明的。

接下来我们就讨论一下另外一个重要话题，白酒起源于什么时候？什么时候才有了我们的白酒？关于白酒的起源，在2016年之前，我们的学术界比较权威的有三种说法，第一种说法是起源于东汉，一说起源于唐朝，一说起源于元代。

第一是东汉说。在上海博物馆有一个东汉时期的蒸馏器，有人拿这件蒸馏器做过相关的蒸馏实验，蒸出来了20多度的白酒，这是一个非常重要的佐证。同时在四川地区的彭州市和新都，有汉代的汉画像，这些汉画像反映的就是和现代的烧坊非常相似的场景，所以通过考古发现的汉画像和东汉时期利用青铜蒸馏器的实验，我们能够证明东汉时期中国人就掌握了蒸馏技术，掌握了蒸馏酒的方法。

讲白酒的起源，其实有一个非常重要的支撑——我们的炼丹术。炼丹术是非常早的，在东汉之前就有，当时的帝王为了追求长生不老就去炼丹，炼丹器具其实就是一个蒸馏器。中国有四大发明，其实炼丹术也是中国非常重大的发明，被学术界认为是人类掌握化学知识的源头。有了炼丹的技术，有了蒸馏的技术，为蒸馏酒的出现奠定了非常重要的基础，所以说东汉时期有了蒸馏酒，汉画像和蒸馏器足以证明。

第二个说法就是唐朝说。唐朝说有两种，第一个就是在我们的史料当中，李时珍的《本草纲目》中记载的"唐时破高昌始得其法"，用葡萄发酵的酒，通过蒸馏而得到了葡萄蒸馏酒。另外，在唐诗当中我们发现有两篇非常重要的作品，说明唐朝时候有了蒸馏酒。一篇是白居易的："荔枝新熟鸡冠色，烧酒初开琥珀香。"还有一个："自到成都烧酒熟，不思身更入长安。"此外，唐朝最明显的特点是我们的饮酒器具发生了重大变化，出现了小的酒杯，在之前我们的酒杯是在70毫升以上，唐朝出现了20毫升以下的小酒杯。所以说从这些说法和发现来讲，在唐朝时

候已经有了蒸馏酒，有了白酒。

再一个起源说就是元代说。同样是李时珍《本草纲目》记载的：烧酒非古法也，自元代创其法。它记载着“其法用浓酒和糟入甑，蒸令汽上，用器承取滴露，凡酸败之酒，皆可蒸烧”，这里面记载着非常详细的蒸馏的过程，和我们现在的固态蒸馏工艺和技术非常吻合。同样也有出土的一些文物所佐证。

秦皇岛青龙县博物馆有一件公元1161年的蒸馏器，这个蒸馏器同样做了蒸馏实验，也蒸出来了白酒。所以从史料，从我们的实物证实白酒元代起源之说。应该说在2016年一个重要的考古发现，关于白酒起源的三种说法被颠覆了。

2016年，一个重大考古发现给了我们颠覆性的认知。我们在江西南昌发现了海昏侯墓。这个汉墓的发现，把之前的东汉说、唐朝说和元代说彻底颠覆了。海昏侯墓当中出土了大量的文物，墓中有几个功能区，其中一个是专门放酒器的功能区，在这里还发现了西汉时期的蒸馏器，这件蒸馏器在国家博物馆也有展览过，我亲自去看了，所以说这件蒸馏器的发现，证明中国白酒可以追溯到公元前八年之前，也就意味着在2000多年前，中国人就掌握了蒸馏技术，就发明了蒸馏酒，就是我们今天的白酒。这在世界所有蒸馏酒当中是最早的，要早于国际上其他蒸馏酒，最少要早1000年的历史。

上面说的是关于白酒的起源，我们通过这些史料、实物了解了中国白酒的起源。

我接下来讲中国白酒有什么特点。很多人经常接触到白酒，但白酒的特点是什么？在我们生活当中很多关于白酒的认知，实际上是对白酒的一些特点进行了验证。中国人讲白酒，首先讲的是粮食酒。我们首先从原料来讲，由谷物酿造是中国白酒非常重要的一个特点。

第二个特点是自然发酵，这在全世界的酒当中是唯一的。我们所有的酿造环境、酿造场所都是开放的，在四川也好，贵州也好，我们在开放的环境当中去发酵。空气、水、土壤当中的很多微生物都要参与到发酵当中去。中国白酒是自然发酵，也可以说是多微共酵，有大量的微生物来参与酿造，有多少种呢？有300多种微生物，霉菌、细菌、酵母菌等，基本涵盖了所有的种属。

中国白酒还有一个特点，就是固态和液态两种发酵方式都有。我们平常讲中国白酒的发酵方式是固态发酵，其实不是这样的。中国传统白酒的发酵方式有两种，一个是固态的，一个是液态的。液态的现在成了非主流，主要在两广地区——广西、广东，用大米酿造的酒就是用液态的发酵方式来酿造的。

我刚才讲到汉代，西汉、东汉、唐代，至少这三个时期是液态蒸馏。现在的两广地区依然保持着传统的液态蒸馏技术，中国最早的白酒蒸馏技术是液态的。刚才讲了元代酿酒的蒸馏过程，就是我们今天所谓的固态化的蒸馏技术，实际上这种蒸馏技术元代之后才逐渐被应用，明代才逐渐成熟起来。所以，我们讲中国传统白酒，一种是固态法，一种是液态法。

多微共酵，蒸馏有两种方式，有液态的有固态的，这是中国白酒的特点。另外，中国白酒的贮存方式在全世界是唯一的，只有中国酒陈酿的方式叫作陶坛贮存。国外的酒基本上都不是陶坛贮存酒，他们用木桶。中国白酒还有一个特点——所有的香气和味道都是与生俱来的。也就是说，发酵蒸馏出来的酒，有非常丰富的香味物质和活性物质，而且非常复杂。中国白酒目前已经发现了含有2000多种化合物，除了水和乙醇以外，国外的酒大概在400多种。国外的酒，香气和味道大部分是后天的，发酵的时间比较短，大多是在72个小时完成发酵之后蒸出来的酒，香气

和味道是放在木桶里以后慢慢地陈化，陈化之后木桶的香气和颜色会浸入到酒中去。两种酒的香气和味道的由来，有着非常大的不同。

我们简单地梳理一下中国白酒的特点，第一是原料，第二是自然发酵，第三是液态和固态的发酵方式，第四是陶坛贮存酒，第五是酿酒周期长，对感官的冲击最强烈。

目前从中国白酒的发酵期来讲，我们最短的时间是 1 个多月，长的有 2 个月，甚至有 3 个月、4 个月的，发酵期非常长，国外的酒一般 72 个小时就能够发酵完成。

中国的酒与国外的酒有非常大的区别，所以总结中国白酒应有这么五绝：水为酒之源、粮为酒之韵、曲为酒之香，窖为酒之魂，艺为酒之神。所以中国白酒，我们讲水源，全世界的酒都要讲。中国的白酒是多种谷物酿造，还有就是我们的曲，大曲的自然培养赋予了白酒香味。再一个就是我们的发酵容器，多样化的发酵容器造就了中国白酒的特色。还有就是我们的酿造技艺，在这里我要强调，我们的酿造技艺有两个方面，一个是我们大师的酿造技艺，另外一个是我们看不到的自然发酵——微生物酿造。在中国有一个非常重要的特点，在一个地方不间断地酿造，这个地方酿酒的酒菌的本领会越来越强，因为微生物的进化要比人类的进化快。微生物在自然界之中是存在的，在这个地方酿酒，这个地方的微生物通过不断的酿酒参与，它的更新迭代和酿酒的能力越来越强。所以说中国白酒的品质与不间断地酿酒和特定的酿酒环境之间有非常重要的关系。

下面讲一下中国白酒的类型。我们在生活当中都能体会到白酒有很多种，与人家的饮用和购买行为有关系的就是：这个酒是什么香型？我们每个人的家乡都有自己的美酒，每个地方也有特色美酒，因为每个地方的自然环境不一样，水不一样，原料不一样，气候不一样，微生物不

一样，甚至酿造的容器、酿造的技艺也有差异，所以我们的美酒非常多，造就了中国白酒的丰富多彩。

我们要从专业上和社会层面给白酒一个定义。从专业层面讲，白酒是什么？白酒是以谷物为原料，用大曲、小曲和麸曲作为糖化发酵剂。从类型来讲，有三种划分方式：工艺划分，糖化发酵剂划分，香型划分。在类型上有三个划分原则，工艺划分包括固态法白酒、液态法白酒、固液法白酒，糖化发酵剂划分包括大曲酒、小曲酒、麸曲酒、混合曲酒。大曲小曲怎么区分的呢？就是根据培养酒曲时候的形状大小，大曲顾名思义它的形状比较大；小曲就比较小，就像小的馒头一样，有的像颗粒状一样。另外还有一个区别，大曲、小曲都是自然培养，大曲是多菌种的自然培养，小曲也是开放的培养方式，但是小曲需要接种，是将一种或多种微生物进行富集培养。麸曲白酒就是典型的工艺之一。

在我们的日常生活当中，很多人都是通过香型来了解白酒的。现有的国家标准分为10个香型：清香、酱香、浓香、米香、凤香、老白干香、特香、豉香、兼香、芝麻香。豉香是两广地区的，液态法的传统白酒，以玉冰烧为代表，大概的酒精度只有30° 到33° 之间。兼香型白酒，是浓酱兼香，是浓香和酱香两种工艺的结合，以白云边酒为代表。

其实关于香型大家知道，每种香型都是中国传统白酒的酿造工艺，原本就在，只是我们对这些工艺和特点的认知是一个不断渐进的过程。第三届全国评酒会首次划分了香型，即1979年的时候才划分的香型。

我们通过对传统工艺和感官特点的总结，在香型划分的原则上，相对来讲不是一样的。比如说有按照香气大小划分的，如清香和浓香。还有按照食品感官特征来划分的，比如说这个酒当中有酱油的味道，这个酒之中有炒芝麻的味道，所以就有了酱香和芝麻香。还有按照产品的工艺和名称来划分的，比如说老白干，就叫老白干香，比如西凤，就叫凤香。

所以划分的原则不是统一的标准，因为香型的划分是一个渐进的过程。最早我们只划分了4种，1979年全国评酒大会只有清香、浓香、酱香和米香，米香是按照原料划分的，因为这个酒是用大米做的，所以叫米香，所以香型的划分不是一个统一原则。

从1979年之后一直到了2000年，这20年当中又逐渐出现了后面的6种，目前一共10种香型。

我今天也想跟大家分享一下，清香、浓香、酱香在我们的消费市场上占主流，有什么特点呢？第一个来讲，原料基本近似，都是由高粱和小麦来酿造的。不一样的是发酵的容器，清香是用地缸发酵，酱香是用石窖发酵，浓香是用泥窖发酵。用的曲基本一样，都是以小麦为主要原料。发酵的时间不一样：清香大概1个月，酱香也是1个月，浓香大概2个月。蒸馏方式一样，但在发酵和蒸馏上的技术要点有不同的地方。我们总结工艺特点如下：清香是“清蒸二排清”，从它的投料到出酒，粮食两排发酵期结束，然后再投新料。浓香是什么呢？就是我们经常讲的千年老窖万年糟。四川的泸州和宜宾的五粮液，从元代开始有连续400多年不断酿造的遗址，今天依然在酿酒。这在全世界所有酒当中也是独一无二的，连续400年酿造不间断，这是浓香酒非常重要的特质。酱香是8次蒸煮、7次发酵，一年一个周期，一次一个月，这是酱香的特色。所以说，清香、浓香、酱香不一样，各自有各自的特色。我们讲清香有七绝：水必得其甘，粮必得其实，曲必得其时，器必得其洁，缸必得其湿，火必得其缓，料必得其准。另外，浓香有三老三低：老窖、老糟、老酒；低温入窖、低温发酵、低温馏酒。酱香是讲三高二低：高温堆积，高温发酵，高温馏酒；低水分，低出酒。每种香型在工艺上都有自己的特色。

对于固态法、液态法、固液法，除了两广地区的米香酒和豉香酒之外，中国的白酒都是固态法酿酒。10种香型白酒的国家标准当中，有2种是

液态法，即米香和豉香，另外8种香型都是固态法。固液法是我们的创新技术，固液法白酒是不标注香型的，由固态法和液态法结合而生产的这一类白酒有专门标准。

再给大家讲一下酒的品质，我们的消费者对品质是很在意的。什么是好酒？目前来讲，影响消费者购买行为的还停留在全国的评酒结果。曾经获得名酒的这些品牌，对消费者会有影响。说起评酒，1989年到现在有30年了，我们没有再举行过全国评酒。30年当中，中国白酒出现了很多的品质表达方式，通过概念、名牌、驰名商标多种表达方式，都希望将自己的品质和价值表达出来。

我们协会这些年一直在研究，希望研究出一个更完整的、更科学的体系来引领中国白酒的发展，创新中国白酒品质的表达方式。我们构建了三个表达方式：一个是产区表达，一个是酒庄表达，一个是标准体系表达。

第一，产区表达。产区表达是近几年来中国白酒在品质表达上的回归。在全世界所有酒当中，中国白酒与我们每一个产区的自然生态有非常大的关系，也就是说我们的原料与每个产区的自然生态有非常大的关系。产区的水土、气候决定了你的水源和原料特点，这个品质对你的产品品质非常重要。所以，我们的酒不仅是酿造出来的，不仅是贮存出来的，还是种出来的，因此原料非常重要，和产区有密切的关系。第二个是不间断酿造的微生态，这些我们肉眼看不到的酿酒大师，只有不间断地酿造才形成了特殊的微生物群体，这个微生物群体对你的产品特性是非常重要的。我们讲两个生态，一个是我们看得见的自然生态，另外一个是看不见的微生态，所以中国白酒和产区之间的关系与生俱来，产区是非常重要的因素。

第二，酒庄表达。酒庄是一种酿酒技艺的传承的呈现，很多酒都有

自己的故事，这个地方什么时间有了酒坊，然后到现在一直在酿造。是真的呢还是编的故事呢？所以酒庄是历史文化、酿酒技艺非常好的表达方式，因此酒庄的表达是我们正在构建的。未来我们在酒庄的表达中，还要通过消费体验，让消费者能够深入到酒庄之中去了解文化和酿酒的过程，才会对产品品质有更直接的体验。对于酒庄表达，我们有一个非常重要的概括。我们说未来的酒庄构建，第一句话叫作：看学做。我们的酒庄一定能够看，能看你的历史、你的文化，所以我们叫作“看酒景”。第二个是“学酒艺”，消费者可以学习你的历史文化，体验你的酿造过程，学习你的酿造技艺。第三个是“做酒仙”，消费者置身于酒庄，可以感受你的文化，感受你的美酒，尤其是感受不一样的体验和消费。第二句话叫作：品酿藏。品玉液，消费者置身于酒庄可以品酒，在我们大师的专业指导下品一品美酒，学习怎么评鉴美酒。酿玉露，消费者可以参与酿造属于自己的美酒。最后是藏玉波，消费者可以把自己酿造的酒藏于酒庄之中，与消费者更好地互动和体验，去了解酒的文化和知识。

第三，产品标准体系表达。也是我们最近正在构建的，一个是我们刚刚颁布的白酒年份酒的标准，未来我们要颁布系列标准，尤其是年份酒的标准，对产品的品质是有直接表达内涵的。

下面，我给大家分享一下关于中国白酒的文化。我们刚才讲了白酒有一个学术定义，在这里我们给白酒一个社会定义。酒是满足人们物质精神文化需求的特殊食品，这是我们给酒下的一个社会定义。文化是人类社会历史发展过程中创造的所有物质财富和精神财富。我们为什么要喝酒？最早是为礼，是祭祀用的，是祭神、祭天用的，不是人用来喝的。后来我们逐渐认识到酒的一些作用，成为人们日常生活和社会生活当中非常重要的一个产品。所以说从物质层面来讲，我们讲酒美妙的香气，在酒当中我们可以闻到花果的香气、发酵的香气、焙烤的香气等，给我

们带来非常美妙的感觉。同样丰富的口感，有绵长的、爽净的、回味的，等等。每一种酒有自己典型的风格。酒的特点有：色、香、醇、绵、柔、爽、厚、余、格。香气，每个酒都有自己个性的香气。醇和，每个酒都有自己醇和的口感。绵软、柔和，每个酒都有自己的表达。厚重，在丰富自己口感上都有自己的特色。另外在余香和风格上，每个酒也有自己的特点。

酒是精神的，我们讲，无酒不成礼，无酒不成席，无酒不成乐。酒与中国人的社会生活息息相关。客从远方来，无酒不足见款款厚意；朋到远方去，无酒不足见依依深情。良辰佳节，无酒不足显其乐；丧葬祭日，无酒不足致其哀。困顿蹉跎，无酒不足消其忧；春风得意，无酒不足畅其怀。民间躬耕伐薪，无酒不能驱寒；走亲访友，无酒不能成礼。壮行要喝酒，酒增壮士豪情。凯旋要喝酒，英雄壮举酒铸成。皇帝登基要喝酒，举子登科要喝酒，老百姓生个儿子养头牛也要喝酒。哪里有中国人，哪里就有酒，酒是人们表达感情，调节人际关系不可缺少的精神产品。人是社会关系的总和，人不可能脱离社会而存活。

我们的生活也经历了挣钱喝酒到喝酒挣钱。原来我们物质比较匮乏的时候，我们讲“挣钱喝酒，没有钱喝不起酒，酒是非常贵的”。现在，我们的社会生活富裕了，进入到美好的生活时期了，我们讲喝酒挣钱，如果这个人不会喝酒，就很难融入社会，就挣不到钱。

文学、艺术散发着浓郁的酒香。“醉里从为客，诗成觉有神”“采菊东篱下，悠然见南山”“一杯未尽诗已成，诵诗向天天亦惊”，酒与我们的文学、书画有非常大的关系。像张旭三杯草圣传，脱帽露顶王公前，挥毫落纸如云烟。前一段时间在北京有一个文化艺术活动，有一些书画大家参加，我跟他们开玩笑，说：“书画艺术到现在2000多年，到底是进步了还是倒退了？”我们现在的书画大家都不喝酒了，再也没有唐伯虎江南才子酒之画风，再也没有王羲之的《兰亭序》，再也没有张

旭的狂草。我们的四大名著和酒都有非常大的关系，像《三国演义》中“关公温酒斩华雄”，还有《西游记》中孙悟空以酒擒妖魔，《红楼梦》中“酒中飘出石头记，十二金钗兆酒香”。

中华文化很厚重，中国的酒和国外的酒有非常大的区别。国外的酒千字彰显其精华，中国的酒万言难道其玄妙。但是在表达美酒的故事中，外国的酒用的是千言万语，中国的酒就两个字“干杯”。在美酒的文化传播上，我们要向洋酒学习。

最后来讲问酒。我想主要讲三个：第一是酒药同源；第二是天人合一，美美与共；第三是问明白酒。

其实在《汉书·食货志》当中，关于酒有一个定义，叫作：酒为百药之长。其实酒除了祭祀和礼仪来用，最早是用来治病的，药酒同源。我们的“酒”字是从繁体的“医”字演变过来的，所以最早的酒与药是同源的。

目前在我们民间，包括中医药界，保留着几百上千种酒的验方。像我们在市场上看到的竹叶青、劲酒等，都是养身保健的酒，所以酒和药的渊源是非常密切的。这是我们这几年在酒的研究上非常重要的成果。我们讲中国的白酒是酒又不是酒，这是我们给的定义。是酒又不是酒，怎么说呢？因为我们谷物当中的淀粉，有三分之一是贡献给了酒，有三分之二是贡献给了2000多种化合物。2000多种化合物中有的是风味化合物，有的是活性物质，风味化合物对酒的感官是起作用的，活性物质对我们的健康是起作用的，这是不一样的。国外的酒，用水果做原料酿造的也好，用谷物酿造的也好，淀粉和糖几乎100%是贡献给酒精的。中国的酒，除了水和乙醇以外，里面有2000多种化合物，所以构成了中国白酒的复杂性。

中国白酒风味的形成是多风味的复杂构成，上千种风味物质构成了

某一个产品的特色：香气和口感。中国白酒的多活性物质的复杂构成，对人的健康极为有作用。我们把中国白酒喝到身体当中，吸收的速度、代谢的速度和国外的酒都不一样。在健康的研究方面，我们正在做一些功课。从这一点来讲，中国白酒与健康的关系，与风味构成的关系，在世界上的所有酒当中是非常独特的。

所以我们现在倡导中国白酒的丰富性，我们称之为：各有其美、各表其美、美美与共。清香之美，美在其洁，它的酿造，在地缸里边，要求这个缸非常干净。酿造其适，非常讲究适度，讲究发酵期多长时间，讲究贮存期多长时间，讲究温湿度的把控。香醇之魅，净爽之韵，余香之久，这是清香型白酒的特色。浓香之美美在酿造其老，酿造其低：窖香之幽，绵柔之润，回味之长。酱香之美美在酿造其少，酿造其高：酱香之雅，醇厚之满，留香持久。所以每一个酒产自不同的地区，不同的工艺，不同的酿造设备，各有其美。

由于时间的关系，问酒这部分我就不多讲了。这两年来，我们在上海做了问酒论坛，问答关于白酒认知上的一些问题。我想接下来待会儿我们互动的时候，大家可以看一看这些问题，跟你们是不是有共鸣，大家可以问一问。

中国白酒的源流、酿造与品鉴

张良　（首届中国酿酒大师）

我今天是来学习和汇报的。从我自己的体会来讲，中国白酒和西洋酒相比，中国白酒是智慧的产物。中国白酒和中医、中药结合得非常紧密。中国白酒是蒸馏酒，可以说是药、食同体，与中医、中药同宗同源，面临着继承文化，传承技艺，引入现代科学技术，与当代的大数据、云计算、人工智能和机器人如何融合发展等需要研究的新课题。

从中医、中药来讲，这些年确实面临着更好的发展机遇，白酒走到今天，怎么向中医的“辩证”学习？怎么借鉴中医、中药的智慧来促进白酒的发展？白酒和中医、中药都是中华民族的文化瑰宝，都是国粹，都有非常广阔的市场，都是中国传统文化的集大成者。

白酒传统技艺特别讲究观、闻、品、悟，刚才宋理事长已经讲了。中医强调望、闻、问、切，都是四个字，意义相近。白酒所讲的观、闻、品、悟，是白酒整个酿造过程经验积累的高度总结，是经验凝聚成的智慧，白酒就是经验与智慧的产物。望和观，是要看整个酿造过程。怎样使白

酒的工艺和酒的质量更符合品饮的方向。闻，白酒要给消费者更好的闻香的感觉。在酿造工艺上，酿酒师要闻的内容就比较多，通过闻来判断整个酿酒过程工艺是否精准、质量是否可靠，而酿酒过程的闻和最终形成的酒的闻香是紧密联系的。品，就是品酒，要静下心来感悟酒的味道。我们讲工艺上的品，更多是对生产工艺过程的品，这包含着整个加工过程中的细节。

前面说观、闻、品都是动词，是酿酒师傅在整个生产过程中对各工序控制点通过经验的作用，用观、闻、品的体会指导生产。悟，就是悟道、闻道，就是来感悟。白酒的工艺是非物质文化遗产，强调口传心悟，这个悟就使得白酒的技艺在酿酒师傅不断总结中形成经验，不断形成新的酿酒智慧。

中国白酒和洋酒最不一样的地方就是，中国白酒是东方发酵，东方发酵是以固态发酵为最显著的特征。东方发酵强调固态发酵，比如酱油、醋、豆腐乳、豆豉等。日本、韩国和泰国的传统食品，也应用的是固态发酵，技术是从中国传过去的，固态发酵以一个开放的发酵场所为显著特征。固态发酵是一个非常开放的空间生物反应器，空间有多大，这个反应器就有多大，在这个空间里面，各种各样的微生物都参与了发酵过程，这是最重要的特征。也就是说在酿酒厂，整个酿酒厂区都是一个大的生物反应器。酿酒厂区的整个生态系统构成了酿酒的生物空间，也就参与了酒的风格特点的组成。

白酒又是一个典型的地域资源型产品。大家经常听到，离开了茅台这个地区，生产出来的就不是茅台酒。在茅台这个区域，特点是常年湿度、温度比较高，风的流速比较低，在这样的环境下，微生物就能够很好地栖息、繁衍，使得该地区形成了独特的微生物集群。而该独特的微生物集群和茅台酒的工艺结合在一起，就形成了独特的茅台酒。

白酒又是一个微生物群落产品。人是群居动物，单个人肯定打不过一只老虎，同样，酿酒微生物也是强调群落优势，强调共同作战。所以就和中医、中药非常相像。中医也是通过众多的中药配伍，共同对一个病症进行战斗，所以这就和白酒的多种微生物形成群落优势之后，形成定向的产物来表达白酒的特色是一致的。这是东方发酵最显著的特点。

白酒是固态发酵，白酒的酒糟有固体、液体、气体，是三相共存。现在研究表明，在多相界面上，微生物的活性是非常高的，所以这个多相界面的微生物的发酵过程当中，产生了非常多的、决定白酒风味特色的成分。白酒的蒸馏是固态蒸馏，用的是甑桶，固态蒸馏的甑桶相当于一个填料塔，固态蒸馏的特点使提香的效果比较好，通过不同的经验积累，上甑技术和时间的不同，使得固态蒸馏过程中流出来的组分有非常大的区别，将这些组分不同的酒放在不同的陶坛里，陶坛存放酒的过程也是酒逐步老熟的过程。所以就使得白酒的风格特征能够通过不同存放的陶坛，再通过调酒师调配出不同特色的、不同等级的白酒，以适合消费者的喜好。提香靠蒸馏，不同的馏分蒸馏出来不同的香味组分都能进入到酒当中，通过勾调，调酒师能够把香味更好地呈现给消费者。

刚才我放了一段樊代明院士的视频，樊代明院士是世界消化道科的大专家，是著名的西医院士，但他力挺中医。按照他所说，中医、中药走到今天确实有太多的辩证内容，具有非常好的未来发展的前景，这和白酒非常相像。于是我提了一个问题：中国白酒的未来是什么？我认为中国白酒的未来和中医、中药的未来是完全紧密相关的，或者说他们都有共同美好的前景。这个美好的前景就是中医讲的辨证施治，怎样把经验总结上升为智慧，通过智慧去清理复杂系统的要点，把复杂系统简单化。白酒怎么使一个庞大的微生物群体在自然、开放的空间去发酵？自然界的微生物大类是相同的，不同的酒体之间香型为什么会有这么大的区别？

这就是酿酒师傅们传承并上升到智慧酿酒的层面，实现了观、闻、品、悟四个字的辩证理解并应用于生产的全过程。

大曲不是单一的微生物，是制曲环境中有什么样的微生物，都附着在曲胚之上。这些微生物都是定向生长，定向生长讲的是整体效果，不是单一微生物培养，所以它和中医一样，不是要分，而是要和；不是要把酒曲之中的微生物一一分开，而是把它作为一个微生物的综合载体，这也是和中医比较贴近的地方。酒窖是有生命的，微生物是有生命的，微生物不断代谢的过程就是朝着工艺特色所确定的生产不同种类、不同风格酒的过程。

酒窖里面富含许多微生物，这些微生物不断地在一代接一代地代谢。这种代谢过程就使得今天白酒的工艺传承过程在不断地改进，酒也在不断地变化。因为微生物在不断传承，而这个传承是往好的方向发展，就像人类的生命在延长一样，微生物也在不断地优化自己并和环境进行斗争，从而不断地优化生存环境，这就使得酒在朝着健康的方向发展。

由于时间关系，我就简要汇报这些。白酒是我们中国在工业制造、应用微生物领域最早的一个产品。今天我们所讲的酶制剂、细胞技术等，实际上白酒应用得更早。现代生物工程所涉及的一些学科当中单体研究的内容，实际上早在几百年前，甚至上千年前就已开始应用，如我们古人酿酒的酒曲、酿造过程，就已包含这些技术在里边。这就使得我们的白酒在未来和中医中药一样，怎样把智慧和知识相结合，怎样朝着现代社会去发展？白酒除了是嗜好性的消费，怎样能在未来健康的价值上更进一步，让酒不仅和快乐结合在一起，还和我们的健康结合在一起。也相信我们更多的朋友会关心、支持我们的白酒，从快乐和健康方面带给我们更美好的享受。

谢谢！

特邀嘉宾

张崇和　（中国轻工业联合会党委书记、会长）

非常高兴与大家相聚远集坊，共同参加这期以中国白酒文化为主题的活动。首先，我代表中国轻工业联合会，对本次活动的举行表示热烈的祝贺，向一直以来关心、支持中国白酒行业发展的有关政府部门和社会各界人士表示衷心的感谢！

白酒是我国传统饮用酒类，是中国传统文化的独特载体，历史悠久，底蕴深厚，源远流长，在丰富我国千百年来人民多彩的生活中扮演了重要角色。我国白酒品类丰富，独具特色，清香、浓香、酱香、米香、兼香等不同香型白酒，百家争鸣，百花齐放，凝聚着中国智慧，彰显着中华文化，承载着华夏文明，为世界文明谱写了独具特色的辉煌篇章。

白酒行业是轻工业的传统优势产业和重要民生产业。2018 年，全国酿酒行业规模以上企业产量超过 5600 万吨；规模以上白酒酿酒企业产量超过 870 万吨；销售收入近 5400 亿元，同比增长 12.88%；利润总额近 1250 亿元，同比增长 30%。我国酿酒行业的蓬勃发展，为人民美好生活

提供了不可或缺的物质基础和精神享受，为经济社会发展作出了积极而重要的贡献。

习近平总书记在党的十九大报告中指出，文化是一个国家、一个民族的灵魂。文化兴，国运兴，文化强，民族强。远集坊是传播交流、信息共享、资源汇聚的文化平台，已成功举办了二十二期，传播日益广泛，影响持续提升。我们相信，通过本期活动，必将为弘扬我国白酒文化贡献积极的力量。

借此机会，我对远集坊举办以中国白酒文化为主题的活动提出三点希望和建议：

一要深挖文化底蕴，体现民族特色，传承白酒传统文化，让白酒文化不断焕发盎然生机。

二要展现社会责任，传播文明理念，弘扬健康饮酒文化，让“快乐干杯”成为社会新常态。

三要传播白酒形象，提升白酒影响，彰显白酒制造文化，让中国白酒从民族走向世界。

朋友们，中国白酒是令我们骄傲的民族产品，是世界识别中国的文化符号。让我们不忘初心，牢记使命，携手努力，开拓创新，为中国白酒的美好明天作出新的更大的贡献！

最后，预祝本期活动圆满成功！祝愿远集坊讲坛越办越好！

谢谢大家！

特邀嘉宾

冯宏声 （阿里巴巴集团法务总监）

在历史上，我们有很多喝酒的仪式，到了今天已经越来越淡漠，未来我们可以通过增加仪式感来传承我们的传统文化。同时我认为，我们的酿酒和我们的中药是不分家的，和我们的中医是不分家的，其背后有中国人的逻辑在里面，怎样把中国的白酒标准在国际上推广，让西方能够理解东方人的文化，我认为是值得思考的问题。

特邀嘉宾

葛珂 （金山办公软件股份有限公司董事长兼 CEO）

我们的酒文化，从历史、制造工艺及器物到今天的商业化是一个整体的体系，但是缺乏一个更有效的体系。中国白酒中八大名酒只是讲一下清香、酱香、浓香，等等，其实不足以涵盖白酒文化这么悠久的历史。我觉得需要更好地去整理和挖掘，需要把今天的专业化知识更好地与白酒文化融合，不光让我们这些专家能够去学习研究，也能让更多的白酒爱好者，或者偶尔喝一次酒的人能够去探讨。

特邀嘉宾

刘广伟 （北京东方美食研究院院长）

我是从烹饪、从农民厨师这样走过来的。人类对食物的加工，从本质上就三种，其中最重要的一种就是发酵；另外一种就是烹饪，就是加热；再一种是物理性的，水解。刚才讲到发酵，我们民族对发酵的应用挺早的，大约在一万年前，我们有了粮食的种植。在这么早的时间，我们能够主动应用发酵，我觉得这一点是我们民族的一个重要贡献。

特邀嘉宾

陈大利　（新华文轩出版传媒股份有限公司副总经理）

因为是从小在赤水河边长大，所以我小的时候就记得，那时我们家里面来客人的时候，我母亲第一个动作不是倒茶，而是用一个小酒杯，先和叔叔阿姨喝酒，喝完之后才是上茶，所以酒对人的滋养是与茶相似的，希望远集坊下一步可以从酒与诗、与文化这个角度进行探讨。

遗产坊

第七讲 《主角》背后的故事

主讲嘉宾

陈　彦

主持嘉宾

肖丽媛

特邀嘉宾

桂晓风　樊希安　冯俊科　陈　彦　黄宾堂　张亚丽

刘东风　梁鸿鹰　张凌云　张延扬　陈高潮　穆　涛

杨　辉　王陆军　王小宁　李以从　文　蔚　陈黎明

熊志远　闻　鹏　王　旗　秦　博　李亚梓

《主角》背后的故事

陈彦　（中国戏剧家协会分党组书记、驻会副主席，第十届茅盾文学奖获得者）

阎署长希望我到这里讲一讲自己的创作，他提前把远集坊出的一本书送给了我。我去山西和银川的路上把这本书读完了，发现远集坊前面组织的讲座都非常精彩，涵盖历史、文化、政治、经济、科技、出版、传媒等方方面面的知识，非常丰厚，获益匪浅。所以我觉得今天在这里讲自己的创作有点压力。

我先把自己的创作经历在这里给大家说一说。

我出生在陕西省商洛市镇安县。这个地方在20世纪70年代末，尤其是80年代初，是一个文学小县，有很多年轻人都在追逐文学梦。我当时也就生活在这股热潮中，无形中被卷到文学里面去了，开始写散文，也写小说。18岁时，在省里《陕西工人文艺》杂志上发表了第一篇短篇小说。后来在《陕西日报》和《星期天》等报刊上不断发表散文。那时候，在《陕西日报》发表一篇文章，在小县城里都是很轰动的事情。作为一个创作者，我觉得它的激励作用是比较大的。公开发表对于一个初学写

作者来说那几乎就是一切。我就是从那个时候开始文学创作起步的。

开始戏剧创作也是一个偶然的机会。有一次，陕西省要搞一个“学校剧”创作的评奖，当时文化局的领导跟我说，你能不能给写一个“学校剧”。“学校剧”就是以学生，尤其是以中学生生活为题材的一种创作。我当时说试一试，就写了第一个话剧，剧名叫《她在他们中间》，一共九场，写了一个非常年轻漂亮的女教师和一帮男中学生的故事。那时候我18岁，这个剧写完以后就油印了几本，寄到省里去了。我当时也没想着它能获奖。结果五个月后，文化局的人通知我，说我获奖了，这部剧获了省里“学校剧”评奖的二等奖。当时这个奖项是一等奖1个，二等奖2个，三等奖3个。陕西省人民艺术剧院还希望把这个剧搬上舞台，有一个姓付的导演先后跟我联系了多次。此事虽然无疾而终，但是对于自己的戏剧创作的确是一个巨大的鼓励和牵动。

然后我逐渐一边写散文，一边进入到戏剧创作里面。22岁那年，我写的4个剧本同时搬上舞台。一个叫《沉重的生活进行曲》的戏还引起了不小的争议，应该说当时在陕西戏剧界影响比较大。文化厅一个叫霍绍亮的老厅长，专门跑到镇安小县来看我创作的戏，看完后把我叫到县政府招待所说，调到省里来发展吧，我回去安排一下。结果费了很大周折，从22岁开始调，直调到26岁才把所有程序办完。但那时领导们想用一个人，还真是舍得下功夫。除了霍绍亮厅长，还有就是陕西省戏曲研究院当时的院长杨兴，他们做了大量工作才把我调出来。我自己什么都不知道。最后，我就调到了陕西省戏曲研究院。

我在这里介绍一下陕西省戏曲研究院，这是一个很大也很老的单位，1938年成立于延安，初创时叫陕甘宁边区民众剧团。第一任团长叫柯仲平，大家都叫他“狂飙诗人”。他也是新中国成立以后中国作协的第一任副主席。当时副主席就他和丁玲两人，主席是沈雁冰。以柯仲平为团

长的民众剧团成立后，毛泽东主席和那一代革命家都非常重视，送过各种演出用的日本战刀、望远镜之类的道具，还拿出300大洋给剧团做服装费和生活费，柯仲平拿着这300大洋，别在他的裤腰带上长期舍不得用，说最后口袋里都长满了虱子。就是这样一个剧团，在抗日战争和解放战争中，创作演出了很多好戏。尤其是一些现代戏，对于中国戏曲现代戏创作的草创与发展，都是具有开拓性意义的。后来新中国成立以后，中央把民众剧团交给了西北局。因为民众剧团主要唱地方戏，像秦腔、眉户等，所以也离不开大西北。经过延安时期，这个团成长起了一批戏剧艺术家，包括马健翎这样的大剧作家。马健翎后来担任了西北戏曲研究院的院长，他创作的现代戏《中国魂》《血泪仇》《穷人恨》，以及新中国成立后对《游西湖》《窦娥冤》《赵氏孤儿》等经典作品的改编，在全国戏剧界的影响都很大。他也是中国戏曲现代戏的重要奠基人之一。西北局撤销后，西北戏曲研究院交给了陕西，又叫陕西省戏曲研究院，马健翎又担任了这个院的院长。去年迎来了院80岁诞辰，所以它是历史非常厚重的单位。我在院里工作期间，有四个演出团，一个创作研究中心，还有一个学院培训班，演职员工700多人。像著名作曲家赵季平，二十世纪八九十年代，先后20多年在这个院负责作曲、指挥，担任创研室主任、副院长等职务。

我一开始调到戏曲研究院做了七年专业编剧，然后做青年团的团长，再然后做管创作的副院长，最后做了十年院长。所以对秦腔历史以及中国戏剧发展史，在这个阶段学习得比较多一些。

我在这个院创作了几部作品，其中比较重要的是“西京三部曲”，这是一些戏剧专家给起的名字。22年前创作了第一部《迟开的玫瑰》，全国有20多家剧团上演，到现在仍然活跃在舞台上。再一个就是根据上海交大西迁西安的故事写的《大树西迁》，上演17年了，现在也仍在演出。

当时为写这个作品，我在上海交大博士楼住了35天，在西安交大外教楼住了四个半月，就是在研究交大西迁史，先后倾听了一百多位教授和管理人员的“西迁”见证叙述，真是“横看成岭侧成峰，远近高低各不同”。本来交大约我是搞电视剧的，后来发现这个电视剧不好写，有很多东西尚有争议。我就把它浓缩成了一个舞台剧，现在还在全国一些大学巡回演出。

第三部就是秦腔《西京故事》，这个戏到现在也十年了。创作起因是我见到陕西省戏曲研究院对面有一个劳务市场，每天大概有一两千农民工在那儿寻找活计，非常焦灼、艰辛的一种状态。开始几年没有引起我的注意，后来人越来越多，并且直接发展到我们单位门口了，都把这种拥来挤去的劳务市场叫“城市牛皮癣”。有时一待一天，能找到活儿吗？我开始注意他们了，就老爱钻进人窝里转一转，听一听，看一看，觉得他们一定有故事，并且会有很好的故事。我有了创作冲动。

后来，我又深入到西安几个最重要的农民工集散地，一个是八里村，分东八里和西八里。这个城中村当地土著3000多人，农民工和其他外来人口就有十万之众，可能比十万还多一点。还有一个村子叫木塔寨，当地居民1500多人，可住了五六万外来务工人员。我去了解情况的时候，一早一晚，那简直是潮水滚滚，人流如大坝决口，看着十分壮观，也十分可怕。这么多人在这个城市劳动建设、生活暂住，除了谋生，是一种什么东西把他们稳固在这里，让他们长期安营扎寨并与城市相安无事？哪个地方建设得最好的时候，他们就再也进不到这个地方去了。在安好最后一个大门和防盗锁的时候，他们就远离了这里。美丽的花坛也把他们自然隔离在护栏以外，而在最破烂的地方，他们又开始了新的挖掘和建设重启。这里面的很多东西都给我很深的印象，我做了很多笔记，结果写了一个舞台剧就叫《西京故事》。

舞台剧毕竟只有两个多小时的展示机会，但是我获取的素材，大概连十分之一都没有动用。这个时候，我又回归到文学，写了第一部长篇小说，也叫《西京故事》，有近50万字。后来也改编过同名电视剧，当然离小说比较远。我理解影视剧改编的自身要求和难处。这就是我创作的第一部长篇小说。

第二部长篇是《装台》。得解释一下，当时百度还查不到“装台”这个词。现在有了，“装台”就是为各种演出搭建和布置舞台演出环境。这部小说被张嘉译他们公司也改编成了电视剧，已经在西安拍摄完外景，可能进入后期制作了。这个题材也算是《西京故事》的一种延续吧，因为大部分装台工就是农民工。《装台》是写了舞台、主角以外的故事，很多小人物在台下和幕后搭建、布置、忙碌，供主角和其他人在舞台上表演。因此，《装台》就有了一定的隐喻和象征。这部小说出来以后获得了不少鼓励，文学界一些重要评论家都写了文章，并且也获得了几项全国奖。评论家李敬泽鼓励我说，你对舞台这么熟悉，应该很好地写一个“角儿”。其实在这以前，我也刚好着手写了一个长篇，就叫《花旦》，是写角儿的，但没写完。就像置身于“庐山”中，无法看清其更宽阔的面目一样，觉得哪里都有意思，哪里都割舍不下，也就在捋不出头绪的烦乱中撂下了。后来，我调离了陕西省戏曲研究院，就又开始思谋这个题材，直到调至陕西省行政学院，有了寒暑假，我才把《主角》写出来。《主角》是集自己几十年对社会、人生，尤其是对秦腔艺术的了解和热爱，最后才写成了这么一部作品。

不管是《主角》还是《装台》，我特别想说的就是：古老的秦腔艺术给了自己丰厚的历史、人文和生活积淀。没有秦腔，最起码是绝对没有《主角》的。

秦腔是一门古老的艺术，按照学界的研究，说它有600年的历史。

其实远远不止600年。有些专家说它基本上起始于秦代，在汉唐时期就发展得有了一定的基础，元杂剧时代进一步吸收接纳，明代就独具形态了。之所以说秦腔只有600年历史，因为历史是根据它的物证来考量断代的，秦腔最早的一个剧本叫《钵中莲》，历史就从这个剧本开始认定它的源起。一个剧种的完整剧本的出现，与它前期从胚胎到不断演进，起码应该有上千年的过程吧，因此说秦腔有千年历史也不成问题。它是中国最古老的剧种之一，与它相匹敌的只有昆曲。秦腔是从陕西和甘肃交界的天水发展起来的，丰富博大于长安。后来形成的山西梆子、河北梆子、山东梆子以及豫剧等，凡以枣木梆子打击演唱节奏的剧种，都叫梆子戏。秦腔是公认的中国戏曲梆子声腔的鼻祖。

陕西省戏曲研究院就肩负着对秦腔研究、传承、发展的历史责任。我在这个院工作了近30年，长期浸润在秦腔文化中，获得了丰富的滋养。秦腔在发展过程中，传播形式的变化也是很有故事的。比如说，有商业传播，就是商会这种形式。清代陕西会馆、山陕会馆全国到处都是，商道是一个重要的传播路径。再一个是战争传播路径。比如说李自成在全国所到之处都带着秦腔班社，这个传播也非常厉害。世界上许多宗教传播路径，也大多与这个相同。我几十年相处的就是这么一个剧院和古老的剧种，包括库存的几千部秦腔老剧本，都是活化石般的遗存。这些剧目记录了历史、人文、政治、经济、宗教、哲学、民俗等丰富的内容信息。应该说很多剧本里边裹挟的历史发展信息密码，都是非常宽博沉厚的。甚至也可以说，一部秦腔史就是一部活态社会演进史。

几十年中，我经常随着院团下乡，观察庙会演出、剧场演出、旷野演出，这些演出跟观众之间的互动是任何书本中都学不到的一种见识，信息很多。它不仅仅是一种演出正剧和悲喜剧的效果信息，更是整个社会这个实验场域，对于文学艺术服务对象的生命精神质量的最真实的信

息反馈收集。基于自己这种生活与认知积累，主要人物从众多生活原型逐渐转化为单个艺术形象。要说这类小说里面的生活原型，也的确是存在的，但是哪一个原型都完成不了小说人物的典型塑造。正如鲁迅所说：往往嘴在浙江，脸在北京，衣服在山西，是一个拼凑起来的角色。

我集自己半生的生命体验完成了《主角》这部小说。真正写的时间也就是两年左右。我觉得写得非常顺，顺的原因就是太熟悉。在写作过程中几乎不需要去补充任何生活，也不需要去查阅任何资料，就这样写下来了。

《主角》80万字，这里面人物也比较多，有读者统计，包括提到的没有名字而有动作的人物在200个以上，有名有姓的大概100人左右吧。

《主角》的主角就是忆秦娥。小说写了忆秦娥从11岁到51岁的生命历程。忆秦娥11岁时，一个偶然的机会得以去学戏。因为她家里比较贫穷，她舅对她妈说："你家里孩子多，又养不活，干脆送一个到剧团学戏算了。"她舅叫胡三元，在剧团是敲鼓的，鼓艺好，有一定的影响力。忆秦娥其实就是个放羊的孩子，她妈掂量来掂量去，觉得她年龄小，在家里帮不上忙，没有她姐用处大，所以就叫她到剧团混口饭去了。

忆秦娥是被动推到剧团去的。加上她舅这个人也是不安分的人，在专业上对同行要求苛刻，得罪不少人。乐队给他"打下手"的只要配合不好，他随手抡起鼓槌，端直就能把人家门牙敲掉了。一生至少敲掉了四个人的门牙，甚至把忆秦娥她爸（一个皮影艺人）的牙都敲掉了。他是对事业非常执着、认死理的人，但是不会处理人际关系，一生把婚姻、爱情和领导、同事之间的关系都搞得一塌糊涂。外甥女跟着他，自然就吃了很多苦头。

这其中最大的一个事件，就是胡三元直接导致的一次重大演出事故。胡三元跟领导闹别扭，领导把他停了职，不让他敲鼓，弄去做道具。他给《洪

湖赤卫队》做火炮，由于装药太多，结果把演反派的“彭霸天”当场炸死在舞台上了。他因此作为过失犯，被判刑关了监狱。忆秦娥进剧团时，因为有她舅从中帮忙“走后门”的问题，而被安排到厨房做饭去了。这是忆秦娥人生的第一次挫败，而那时她才 13 岁。

在厨房，忆秦娥两个很重要的生活“教父”，就是两个老炊事员，大厨叫宋光祖，二厨叫廖耀辉。这两个人在厨房的小舞台上为争主角，也就是争大厨，斗争了很多年，忆秦娥夹在其中深受其害。同时也在里面接受了人生第一堂课的教育，前后两三年时间。

这以后又牵出了忆秦娥少女时代的四个“事业教父”。古典戏在“文革”开始前突然被禁了，当时一批优秀的艺术家就退出了舞台，有回农村的，也有就地安排的，比如说看大门、做伙管等。在改革开放之初，有四个老艺人同时被解放出来，就成了忆秦娥的“事业教父”。四个人灰头土脸地回来，没有人信奉他们那一套，当时所有年轻演员都瞧不起他们。一个是厨房的伙管，一个是管门房的，一个是剧场看大门的，还有一个是从乡下才回到小县城的糟老头。这四个“过气”老艺人需要找到他们艺术生命的传承人，找来找去，最后找到了还在厨房下苦力的忆秦娥。原因很简单，忆秦娥能吃苦。他们认为戏曲艺术接班人首先就是要能吃苦，而忆秦娥恰恰具备这一点。四个人便轮番把忆秦娥从 15 岁一直教育到 18 岁，完全把她推到了舞台的中心位置。他们一个是做导演的，一个是教武功的，还有一个教文戏的，再有一个专门做配角调配的。四个人各占一个方面，最后把忆秦娥在艺术上全面调教了出来，让她登上了宁州县剧团的主角宝座。

忆秦娥有过初恋，还有两次失败的婚姻。初恋情人叫封潇潇。从 18 岁开始，封潇潇给她做男配角。封潇潇无论从事业上还是生活上都是非常爱护忆秦娥的。但因为忆秦娥在厨房工作的时候，受到过二厨廖耀辉

的猥亵，虽是强暴未遂，但却对男女之情有一种莫名的害怕、回避与抵触。加上18岁成名以后，她很快从县城被挖到了省城，与封潇潇的朦胧诗意感情，便成了一生的美好回忆。

作为一个秦腔新星，忆秦娥被挖到省城以后，因为扮相特别突出，事业十分成功，就招来了她的第一个男人——刘红兵。他算"官二代"，是一个地区副专员的儿子。他非常爱忆秦娥，爱她有像电影明星赫本一样的漂亮面貌，也爱她自有的明星光环。大有不追到手死不罢休、死缠烂打的本领与手段，直到忆秦娥向他"缴械投降"。但结婚以后，刘红兵并不珍惜忆秦娥的感情。他有花花公子的一面，不是不爱忆秦娥，而是过于滥情。后来这个人的生活也是过得比较惨的，到最后年龄大些的时候，混得疾病缠身，穷困潦倒，还是被忆秦娥用演出费供养着。忆秦娥是有巨大悲悯情怀的一个女人。

忆秦娥的第二次婚姻，是跟一个叫石怀玉的画家结合。这个人也是把忆秦娥爱得要死要活的，当然，他们也有艺术上共通的东西。但是两个人之间的追求，包括性格差异等，还是酿成了又一次悲剧。中国艺术大多讲含蓄之美，尤其戏曲的旦角表演艺术，特别讲究含蓄。石怀玉硬缠着画了一幅忆秦娥的裸体画，这是绝对不能公开的。可石怀玉觉得这是他一生的杰作，甚至是最伟大的作品，取名叫《秦魂》，后来在与忆秦娥分居以后展出了。忆秦娥当然不能理解，她甚至气愤到用墨汁把整个画面泼毁了。石怀玉觉得有这幅画，自己便可告慰人生了。他认为这是集他一生艺术创造之大成的作品，也认为他已经完成了自己的使命，便在这幅被忆秦娥毁掉的巨作前割腕自尽了。这是忆秦娥的又一个婚姻悲剧。

还有和忆秦娥紧密相关的一些人物，比如忆秦娥攀登艺术高峰的两个重要阶梯：一个是省秦腔剧院的封子导演，这个导演是提升她的一个

关键人物；再就是剧作家秦八娃，秦八娃这个形象是这个小说的根性人物。清代，陕西有一个著名剧作家叫李十三，他写了十本影响很大的好戏，民间称为“十大本”。陈忠实先生有一年写了一部小说就叫《李十三推磨》。李十三是非常了不起的剧作家，他一生坎坷，但是留下了十部秦腔经典。我写的这个秦八娃，一是对历史传统文化的致敬，再就是想表现在传统文化和现代文化的融合中，这个剧作家有十分独到的思考。因为历史传统文化和现代文化撕裂以后，是需要整合的。在很多艺术门类里面，传统和现代都整合得不好，而秦八娃却有他的高妙之处。这个人对于忆秦娥的精神成长，作用也十分巨大。

忆秦娥生命成长中还有好多“拐杖”，当然也有羁绊，比如说四个团长。第一个团长黄正大，就是她生命的羁绊。当时我们才从“文革”中走出来，有好多对人才以及对艺术认知上的缺陷。黄正大这个人身上的缺陷还比较大，因此成了忆秦娥早期成长很大的羁绊。同时还有一个著名的作曲家，也是一个团长，叫朱继儒。这个人也一心想培养像忆秦娥这样的人才，但是他身上又没有放得很开的胆量，有时甚至还畏畏缩缩，前怕狼后怕虎。他是她的“拐杖”，但有时又感觉到支撑无力。还有一个团长叫单仰平。他是演出时在高台上摔下来，把一条腿摔断了，后来接骨时接成了瘸子。但作为团长，这个人教会了忆秦娥作为艺术家该怎么有尊严地活着。比如有人撺掇忆秦娥去给他送礼，他说：“我已经是一个瘸子了，如果你再不给我一点做人的尊严，所有人的唾沫就会把我淹死。请给我一点尊严，让我在单位做一个不被你们戳脊梁骨、不背后骂我腿瘸心也瘸的领导吧。”后来，在忆秦娥临时做团长时，这个单团长为保护孩子，献出了自己的生命。

那是一次宏大的演出，有十万观众，是三省物资交流大会。人太多，一些孩子挤到舞台底下，一边看戏，一边把支撑台板的东西抽去打闹着

玩儿，最后舞台坍塌，死了好几个人。在这次重大塌台事故中，单仰平挤到台下救人时以身殉职。这是忆秦娥成长中一根重要的“拐杖”。

再一根“拐杖”就是后来的薛桂生。他是有巨大创新精神和创造能力的团长，但是他是唱旦角出身，身上带着天然的旦角气质，在这个团里，也是常常要遭人耻笑被称为“薛娘娘”的。但是他人格跟秦腔自身一样，非常硬朗、周正。总之，这些人对忆秦娥的一生都产生了重大影响。一个主角，是不可能独立成长的，忆秦娥身边充满了支撑力。当然，也充满了破坏力，也可以叫反作用力。

忆秦娥有她的同学圈子，比如说楚嘉禾，一生都在跟她争角色。争到最后，甚至把忆秦娥整得很惨很惨，做人不能，做鬼不成。有个同学叫周玉枝，她在竞争当中甚至被残酷的现实吓得退避三舍，宁愿做配角，也不再朝过于危险的舞台中央挤。她反倒享受了生活，开辟了另一片平庸而舒适的天地。总的来说，就是希望小说开掘的生活面能更博大一些。

对忆秦娥精神生命定力进行深度检测的，还有一个人物叫刘四团。这个人最早出场的时候是一个小得不能再小的人物，他是第一个给忆秦娥排戏的老艺人古存孝的侄子。古存孝是从农村回到城市来的导演，他有过去老艺人的精湛技艺，也有一些不好的习气。他肚子里装了几百本戏，可他一字不识。但在讲戏时，他又前朝后代无所不知。就是这么一个老艺人，他身上老披着一件黄大衣，他需要扎这个“势”。排戏激动时，他喜欢把大衣抖掉，在他最需要抖第二次时，他侄儿刘四团会及时给他把大衣披到肩上。这个小人物刘四团开始也喜欢忆秦娥，但他不敢说，因为他太渺小了。后来他成长了，在忆秦娥事业婚姻最低潮时，他成了一个很大的煤老板。忆秦娥生活入不敷出，他却像《上海滩》里的许文强一样回来了，一出动就是几辆“大奔”。他身上迟早都披着一袭黑风衣，一抖落，后面一准有人非常准确地接住，以便在他需要再抖落

时适时地提前披上。因为过去他爱过忆秦娥，回来以后，最重要的就是要用各种手段占有这个让他魂牵梦绕的女人。这对忆秦娥来说是巨大的困境和考验。我们总是希望塑造一个美好人物。陀思妥耶夫斯基说：长篇小说最重要的任务就是要塑造一个绝对美好的人物。我们有这种理想，当然在秦腔艺术包括其他艺术里边，这样的艺术家也是大量存在的。所以这个刘四团最终没有得到忆秦娥。刘四团的命运也是大起大落的，最后由于经济转型，煤矿产能下滑，加上他不规矩经营，成为最大负债户，不得不四处跑路。小说结尾的时候，忆秦娥在她老家的村子里发现了刘四团。这个时候胡三元已经70多岁了，他回到最古老的村庄，搞起了秦腔业余班社。刘四团沦落为胡三元的“下手”，前后给胡三元披着黄大衣。胡三元的“势”，竟然也是靠大衣的披上抖下来造的。这就是时代的升降浮沉吧。

我写《主角》这个小说的时候，是比较轻松自如的，因为我太熟悉这些生活，太熟悉这些人物。说实话，要不是最后出版社嫌我写得长，我还可以写下去。

我亲历了改革开放，我是想通过秦腔这个载体，包括这一群秦腔艺术家，当然，不仅仅是秦腔，也不仅仅是艺术家，还涉及社会生活的方方面面，想通过这一条长河，用小说把40年所经历的中国社会的林林总总都裹挟进来，这是我写作时的一个引线。如何从改革开放40年时代精神的角度，反映社会大变革及其对个体命运的巨大影响，细致地呈现这个时代的真实面貌，这就是自己创作这个小说的初衷。

这个小说创作完以后也有一些总结，包括跟记者交流的时候我就说，作家一定要写自己熟悉的生活，不是一般熟悉，而是要烂熟于心的生活，这是我这么多年创作总结出来的朴素经验。包括柳青能放弃优越的生活到皇甫村做13年农民，他就是想让这个生活变得烂熟于心。也包括路遥

写《平凡的世界》，他本来对陕北的生活十分熟悉，就是那一块土地上的人，但最后写作时，他没有待在西安，而是要住到一个煤矿，看着煤矿工人上下班——听着轰隆隆的机器声，和房里的老鼠进行寂寞对视，在一种十分熟悉的困境中去进行写作。包括陈忠实写《白鹿原》，他必须回到那个原上去写五年。还有贾平凹也是，他永远都离不开他的商州。

作家写熟悉的生活非常重要，不熟悉的生活我真的不知道该怎么下笔。临时补充一点生活，临时去记一点什么素材回来写，对于我来说，几乎是不可能的。这是我的一个感觉。

我始终讲，作家要做好两个阅读。首先是生活。置身其中，并为此展开大量的田野调查。我们的前辈已经给了太多的经验，只需要我们去躬耕、践行。其次是书本。阅读量是作家人生视野、精神高度、写作技巧的宝库，库存不够，写起来跟没生活一样捉襟见肘。这是作家最重要的两种储备，缺一不可。而生活永远是处在第一位的。

我在写《主角》时努力想继承三个传统：第一个是现实主义传统；第二个是中国小说的传统；第三个是中国戏曲的传统。近年以来，为了寻找小说创作的感觉，我在读一批世界名著，包括重读中国四大名著。过去年轻时读四大名著的印象越来越模糊。另外，还读大量的明清笔记。那里面有很多创造性的东西，很细腻很精彩，也很浪漫，甚至也有很现代的东西。现代不是我们今天的发明，而是一种久远探索、日趋明晰过的理念。不过古人所论的现代，大众接受起来没有今天这么趋同而已，那时也许是一种奇谈怪论，像魏晋名士，何其怪哉。今天回溯，发现魏晋时期的不少东西都有一种现代性，就是说我们读古人的书，他们不仅古，也很现代、甚至后现代，比如《庄子》，比如《西游记》，还有一些明清笔记、志怪小说等，都会给我们无尽的启发。

扯得远了，还说《主角》。这次在小说创作上我也有一些探索，比

如说忆秦娥被大家推举成“秦腔金皇后”以后，梦中不停地被搞到地狱里边，阎王小鬼不住地把她头上不实的桂冠往下拉，贴上去的金粉一层层往下刮。忆秦娥发现，被阎王弄到地狱的名流很多，他们脸上都被贴上了几层，甚至几十层、几百层金箔或金粉，就是俗话说的“给脸上贴金”。阎王把他们的厚脸皮一个个都刮干刮尽后，才放回人间。我觉得挺有意思，就这样写了。另外，在忆秦娥最后命运与精神结穴的关目，我有意书写了一大段秦腔唱词，还用了秦腔的各种板式，也是对秦腔主角这个特殊小说人物的一种超常规写作处理，算是一种尝试吧。

总的来说，以中国的审美表达方式写中国故事，这是自己写作的一个追求，当然不是闭锁。我很喜欢外国小说，甚至在阅读中有时刻意一半对一半阅读中外名著。一个时期，可能外国文学、历史、哲学书籍还会读得多一点。正因为喜欢，我才努力地想讲述一种用中国审美方式表达的中国故事。在传统与现代的撕裂与融合中，看一个人、一群人和一个民族艰难而曲折的奋进历程，这是小说写作的初心，从而向生我养我的这个伟大时代致敬！

谢谢大家！

特邀嘉宾

黄宾堂 （作家出版社原总编辑）

今天都在谈论陈彦如何成功的问题，陈彦获奖了以后，有很多朋友问我：陈彦是谁？确实，陈彦写了三部长篇小说，第一部是《西京故事》，这是被严重低估的一部长篇小说，没有引起太多重视，真正引起重视的是《装台》和《主角》，《装台》是2015年出版，《主角》是2018年出版，陈彦进入到文坛视野里面就引起人们关注，实际就是三四年的时间。所以陈彦的成功是真正用他作品的质量、力量打动人的，他有深厚的生活积累，这种积累是他40年、50年就泡在秦腔剧院里得来的。所以我们看他的作品，像《装台》里人物的对话，活灵活现的，他的小说是从生活中自然流出来的，非常自然，而且枝叶饱满，人物形象、生活现象丰富生动，这些都是长篇创作里面最有力量的、最让人能记住的东西。所以，他这种成就是经过多年历练的成果，搞文学肯定不能指望一夜成名，成功是从背后的艰辛、努力到最后的迸发，是水到渠成的。

特邀嘉宾

梁鸿鹰　（中国作家协会主席团委员、《文艺报》总编辑）

首先，我认为《主角》这部作品反映了改革开放 40 年的历程，是这个时代的传记，什么样的时代能使最底层的人把所有力量焕发、激发出来，能够使人成为人，把所有污浊都能够去掉，最后留下生命的本真和最有力量的东西，这本书讲清楚了这个道理。就是因为这个时代使人获得了力量，秦腔这个传统艺术在时代的大潮之下如何被激发出来，忆秦娥由一个烧火的丫头最后成为主角，她所有的心路历程，她可能和不可能的东西是我们最感兴趣的。这部作品也树立了一个好榜样，中国人写东西还是要像中国人，写中国作风的、中国品格的作品，其实陈彦是文化非常深厚的一个人，他吸收古今中外名著各方面的影响是很充分的。在他的作品当中，扑面而来的是我们土地上的底气，从他的语言到他对人物性格的捕捉，你一看就是这片大地上哺育出来的，不是跟别人学来的，这个在当今时代是非常重要的。这么多年的历史，这么多年的文化能够通过他的小说实实在在地反映出来。同时，这个作品也有世界性，讲述

了我们越来越走向世界中心的时代背景下，人的力量的激发，中华文化的生命力的焕发。

特邀嘉宾

冯俊科 （原北京市新闻出版局（版权局）党组书记、局长）

陈彦老师的一句话让我受益匪浅，就是一个作家要写出好的作品来，一定要对他所写的东西烂熟于心，一定要熟悉他的作品。所以都说文学来自生活，但是从生活走向文学有一个非常重要的环节叫回忆，我觉得回忆其实就是烂熟于心的。回忆首先是对生活的过滤，我们一辈子经过多少生活？生活内容非常杂、非常多、非常乱，就像生活中遇到的人，遇到多少人？世人千千万，知心人一两个，所以只有通过回忆才能过滤掉那些无关紧要的东西，才能留下生活中的精华，我们要从生活走向文学首先要考虑的一点就是要回忆。

回忆其实是对生活的一种反思，因为你对生活中的东西不可能一下子就认识得那么真、那么准、那么深刻，那就需要反思，反思就是要分析，通过各种各样的现象，从中找出一些真实的东西来，就像一个人一样，你要和他多次接触，通过不断思考才能认定这个人是什么样的人，所以回忆也是一种反思。

回忆也是一种憧憬，就是对生活的憧憬，因为你反思了以后，你认识到生活的规律。掌握了规律以后，从哲学上来讲规律是现象中统一的东西，认识到规律就是对生活充满希望。文学要承担这个功能，不然的话，文学就会走向贫瘠。

特邀嘉宾

樊希安 （国务院参事室参事）

读了陈彦老师的《主角》，我感受最深的有这么几点：

第一，为小人物立传，真正做到了站到人民的立场上。历史是谁创造的，当然有大英雄，但也有更多的小人物。陈彦关注的是小人物，写他们的命运，特别是戏剧界的小人物，虽然说是主角，但是就我们过去的社会传统来说，唱戏的是“下九流”，甚至连剃头的都不如。尽管是这样卑微的人物，新中国成立以后，戏剧工作者的地位发生了变化，尤其作为主角，他们已经完全改变了自己的身份，在今天就是最美的奋斗者。由此可见，作者对社会底层人物的关注，对小人物的关注不仅体现出深厚的情感，还体现出了正确的历史观。历史是谁创造的？有伟人说过：人民，只有人民才是创造世界历史的动力，人民是最美的奋斗者。戏剧工作者因为长得美，他们更是最美的奋斗者，像忆秦娥长得漂亮，美并奋斗着，就是最美的奋斗者。这种对小人物的关注不仅有《主角》，而且有《装台》，还有刚才讲的《西京故事》，陈彦老师关注的都是我

们草根一族，但正是因为这样的书才接地气。

第二，因小见大。通过主角忆秦娥个人命运的沉浮，反映了秦腔的盛衰，反映了社会的变化和进步。有历史的纵深感，跨度前后50年，有社会的开阔度，从人物身上看到了时代的变迁和更替，从而让读者和自己的生命建立起了看不见的联系，这就是这本书的价值所在，也是许多人所感兴趣的、受到感染的原因。

第三，塑造了一系列的鲜活的人物形象。读了《主角》，我自己觉得除了忆秦娥之外，也记住了几十位人物形象。刚才陈彦老师讲，有100多位，大概我能记住的能够有几十位，特别是贯穿全书始终的几位人物形象，有忆秦娥、胡三元、胡彩香、米兰等。其中也有死的，也有病的，也有伤的。尤其我对她舅舅胡三元的印象深刻，这是一个敢爱敢恨、性格直爽、典型的黑脸人物。陈彦调动了一切艺术手段来塑造人物，尤其是在细节处理上很有功夫。

第四，全书围绕主体设计方方面面，枝叶繁盛，有现场感，有地域特色，有独特的生活感受，往深里、广里、细里写，内涵丰富。长篇小说就像一棵大树，枝叶繁茂、果实累累才有生命力，才有吸引力，这是陈彦一次成功的实践，作为读者来说，我当然希望读到更多精彩的篇章，但是作为出版人，篇幅如果过长，也会给读者带来审美疲劳，出版起来也有一定的难度。因此抡圆了写的同时，处理好关系，删除不必要的枝蔓，这是写作者共同探讨的话题。

特邀嘉宾

杨辉 （陕西师范大学文学院副教授）

从我们现在当前文学创作的状态来看，其实有两个关键词，一个就是生活，一个就是传统。陈老师从十多岁开始创作戏剧，从镇安一直到陕西，最后到北京，地域的跨度也是很大的。这么多生活的经验，这么多写作的经验，最后融汇到《主角》这一部作品里面，《主角》其实是陈彦老师 40 年艺术经验、生活经验的汇聚、融通和系统爆发的一部作品。为什么现在文学创作没有办法接近生活，没有办法和丰富、复杂、庞大的生活现实发生关联，这里面关键问题就是陈老师说到的文学观念问题。一个写作者如果是以狭隘的世界观来理解丰沛的现实的话，他只是看到很小的部分而已。第二个话题，就是反复谈到的，这部作品也是和传统相关联的，因为现代戏剧创作是和整个大时代、大历史和民族命运密切相连的，怎么促进古典戏剧向现代戏剧转变，就延伸到如何吸纳广阔、丰富的经验融汇成《主角》80 万字的作品，这就是丰沛的现实主义。

特邀嘉宾

穆涛 （《美文》杂志常务副主编）

我做美文责任编辑的时候有一个感触，秦腔有上千个老本子，陈彦肚子里至少烂熟的有500个以上，他试图用中国人的思维方式，寻找中国人的文学标准、文化方式、心理方式而完成了这部作品，很值得我们学习。

特邀嘉宾

桂晓风 （原新闻出版总署党组成员、副署长）

我说三句话，讲三个词：生活造就了陈彦，家乡造就了陈彦，时代造就了陈彦。第一句话是生活造就了陈彦，他多次讲到一定要写自己熟悉的生活，而且以柳青和路遥作为例子，正好三个作家里面两个我都认识，他们恰好都是陕西人。写自己熟悉的生活，写鲜活的生活，恰恰生活成就了这部小说，首先成就了陈彦。40 年的积累如泉水一般，烂熟于心，积累需要经过半个世纪的时间，写作只需要两年，在这中间跟别人有互动吗？其实没有多少，就是倾诉，我觉得这就是生活。

第二句话就是家乡成就了他。他来自商洛市的一个小县，是陕西比较边缘、比较穷困的地方，有一种说法是中国西部大开发战略的形成直接跟商洛地区的情况有关系。所以处在这么一个地方，完全是个小县，但是也很奇怪，当地许多青年人都有文学之梦，所以推动他去写散文，散文受到好评，得到正反馈又写小说、又写剧本等。商洛大地成就了他。如果没有这个家乡就不可能有这个小说，最重要的生活积累是家乡给你

的，最重要的艺术灵感也是家乡给你的。

第三句话就是时代成就了陈彦，他多次提到时代，生活、家乡、时代是什么关系？就是微观和宏观的关系，时代是大时代，把这种命运打上时代的烙印。我到云南西南联大旧址去，最强烈的感受就是站在时代里面，一个国家、一个民族、一个知识分子的命运跟家族命运，跟许多命运是如何发生交错、复杂的关系，体会到时代的逻辑，才有高度、才有力量，才体现出规律。

第一个词：多元。小说情节是多元的，人物是多元的，人物命运是多元的，有名有姓的人物 100 多个，多次说适可而止，不要再写，因为有许多东西要倾诉，因为非常多元，忆秦娥的成长过程很多元，生活教父有两个，艺术教父有四个，而且性格、命运、专业各不相同，后面有四个拐杖、四个阶梯等。我想忆秦娥从帮厨的女工，成为一个秦腔的金皇后，也是非常丰富多彩的多元生活成就了她。陈彦经历多元，人生体验多元，艺术素养多元，艺术实践多元，又写散文，又写戏剧，又写小说，这样就融会贯通，融会贯通是最高的境界。

第二个词：厚实。为什么厚实？因为扎根于基层和小老百姓的生活，芸芸众生，他们是非常伟大的，他们是我们崇敬的对象，他们是我们的父母。

第三个词：深沉。因为跟小老百姓结合在一起，所以深沉，因为有爱、有感情，所以要倾诉。

第八讲

平凡之路

主讲嘉宾

葛　珂

主持嘉宾

阎晓宏

特邀嘉宾

宗成庆　陈　彤　姜念云　刘　鹏　雷　毅　吴　纲

李　红　孙建波　任道远　张熠天　王少康　肖　玢

付清朝　刘　坚　张　鑫　余时均　许　可　王　宇

郭静东　邵立松　岳　阳　闻　鹏　武　沂　李长亮

平凡之路

葛珂　（金山办公软件股份有限公司
董事长兼 CEO）

这是我第五次来到远集坊，之前都是听大家演讲，都是我们业界的名人。我对中国历史、书法等传统文化非常着迷，所以每次来都很兴奋，也学到很多东西，但当我自己站在这里跟大家分享时压力还是很大。

我是北京金山办公软件股份有限公司的董事长，也是早期加入金山的员工，是 WPS 业务的核心管理人员。我给自己的定位是一个中国软件产业的从业者。我 1991 年上大学，1995 年大学毕业以后，因为当时父母亲全在航天部门工作，也希望我可以进航天部门，但我感觉每天工作的节奏好像不适合当时的我，因为我从大四就开始写软件，也开始接项目，憋了一股劲儿想做一些事情。

所以我自己找了工作，每天骑自行车从家到中关村，骑行一小时去上班。我 1995 年就开始在中关村做软件，说我是一个标准的中国软件从业人士肯定是正确的，我经历了中国软件发展高峰时期的几个很有名的公司，包括希望软件、北大方正。

1999年我加入金山，整个中国软件发展过程，我多多少少都是亲身经历过的。特别在1999年加入金山之后，我参与了金山的发展历程，包括2004年之后自己从事的WPS这个业务。从2004年做到今天正好15年，就是WPS30年的后半程，所以对中国软件产业发展多少有一些感知和总结，也有一些经验教训，也特别想借这个机会跟各位分享。

大家过去对基础软件没有太多关注，觉得跟自己没有关系。但科技领域的技术竞争问题，包括之前的中兴事件、华为事件，包括最近有28家中国高新技术企业被列入美国商务部黑名单，你会发现一个平和的世界，一个高科技互通互融的世界，突然出现了这么多纠纷，中国自主创新的问题就会凸显出来。以前，大家觉得从美国学到一些新技术和商业模式是很正常的，当技术要分家的时候，我们开始追问自己有没有底儿？实际上中国基础软件发展很多年了，我想通过后面的介绍把这个过程跟各位回顾一下。

我演讲题目是《平凡之路》。平凡在什么地方？平凡在中国很多企业起起伏伏、磕磕绊绊，有很多机遇，也有很多挑战，有很多危机和发展，从低谷向高峰发展，从高潮又回归平静。所以整个发展过程，如果用时间维度去看，其实每家企业都是平凡的。

但是像金山WPS这样的企业，它的平凡之路往往折射出大行业发展背景的变迁，它本身又是“不平凡之路”。去年是金山创立30周年，也恰好是中国改革开放40周年。中国高新技术企业的起步大体上都是在80年代末期，到今年差不多也正好是30年的周期。在这个时间谈这个事情，以时间维度去看一个企业平凡的发展过程，能够透视出背后不平凡的行业变迁，这是我想讲的主要内容。

我这里有一幅图，我没有做纵轴的标签，其实就是两个维度，一个是用户数量，一个是收入。这是整个金山软件过去30年的收入，从1989

年到 2019 年，是一个曲线图，基本准确。为什么一定要拿出这个图来？它有很多有意思的点。如果看上面那个黄线图，这是用户的实际情况，因为我们有很多高科技手段可以了解用户的情况，我们的统计数据比较准确。有两个高潮，一个是 1989 年，一个是 2012 年之后，这证明了 WPS 这个业务两个用户的高峰点就在这两个阶段点，中间是长时间的默默无闻，大体上是这个过程。

当然原因大家可能都会清楚，就是金山包括 WPS 业务是 1988 年成立的，第一个版本是 1988 年发布的，正好赶上中国电脑开始从专业的科研领域进入桌面领域，加上 WPS 又解决了中文数字化的问题，所以把电脑应用进入到所有的基层应用，让中国计算机用户开始真真正正使用中文。曾经有一个说法：WPS 当年创造了一个行业，你学电脑就意味着你学 WPS，学 WPS 就意味着学电脑。这样一个行业，包括各地打字复印社和学习社都是围绕 WPS 业务起来的，所以那个时候用户量是风风火火的，当时中国的电脑用户我们一度占有 95% 以上的市场份额，这个用户量就是高峰期。

虽然创业成功了，极受用户欢迎，甚至创造了行业标准，甚至有海量用户的支撑，但是收入其实并没有太多的表现。它是一个很缓慢的下降过程，其实也是波折的。那个时候，没有像现在这样还有购买软件的付费习惯，也没有小额支付或者会员支付，完全是靠版权销售。早年，用户觉得买电脑是正常的，买硬件是正常的，买软件是不可能的，习惯上认为软件是免费的。

为了让免费的概念变成一些收入，我们做了很多努力，我跟很多记者沟通交流过。1991 到 1995 年四年期间，求伯君先生做了很多事情，比如说同期美国一些公司，像微软公司一直在做行业基础的积累、产品积累、升级迭代，比如说从文字处理向表格处理、向衍生处理、向数据库处理、

向邮件处理，一步一步在发展。虽然WPS同时间起步，我们投入很大精力去研发，但我们没有做产品升级迭代，也没有做投资并购，没有做很多核心技术的再研发，反而把精力投入到怎么把软件做成硬件，软件一张张光盘卖不了钱，我们把它做成汉卡，插在IC槽上，那个东西是收费的。因为版权的环境问题，商业模式不成熟，虽然1988年创造WPS时是以技术立业为初心创立的，但以WPS为代表的产品形态没有把精力放在后期核心技术的持续突破上面。

我们成立了一个汉卡事业部专门卖汉卡，一套汉卡卖一千多块钱，收入上升了。但是一旦出现像从DOS平台向WINDOWS转移时，你会发现完全没有技术积累，完全没有前瞻性，没有企业战略的管理会输得一败涂地。用户数上去了，马上又下来了，收入上去了马上又下来了。这就是从1988到1995年七八年时间很多创业公司，包括金山，包括UCDOS，包括中国龙，一时兴起、一时衰落的原因。它背后折射出什么？最早一批创业的软件公司是以民营公司为主，而那个年代的整个商业环境、知识产权保护环境不那么完善。

在那个年代，中国没有投融资制度，没有风险投资概念，所有企业的发展只能靠自己的利润滚存的积累，这是很难的事情，不像今天可以做风险投资，可以加速发展，那个时候只能做一些基础性工作。

还有一个例子，比如说，中美贸易在加关税。当年中国加入WTO之前也是很高的关税，但是软件基本上都是零关税。国内高科技创新在80年代末到90年代最红火的第一个高峰期其实没有行业规范，没有产业政策，没有竞争壁垒，没有关税壁垒。你直面的都是世界上最顶尖的世界跨国公司的竞争，从高峰期到低谷是一个必败的过程，死的不是一两家公司，而是死了一批公司。

金山WPS还能存活着，有创始人的基因，也有偶然因素，但必然因

素是一大批公司死掉。今天我们觉得中国互联网公司很牛，包括腾讯、阿里，但是反过来说，这些公司起步阶段基本上都是在消费类互联网，或者是应用级的海量用户，都是基于消费应用，没有在核心技术上作基本突破，比如说数据库，比如说中间件，比如说核心安全控制等。当时在核心技术领域里面，跨国公司还是最强的。

所以在2003至2005年，互联网真正起来的时候，也意味着做基础软件是死路一条。像我们太执着的人碰了一鼻子灰，而大部分都转型了，这是一个行业的发展规律，在当年来看几乎是必败的。

第二个高峰期是2011、2012年这个时间，这是很好的机会，这个时间点最关键的是移动互联网兴起。今天讲WPS或者金山业务，很多公司也是借助移动互联网的快速成长形成了巨大的用户优势、产业优势、公司优势。但是背后也有一些规律，软件时代的领先者一定是美国公司或者以美国为代表的硅谷的创业公司，比如微软、IBM，都是他们制定的行业标准、产业形态、用户形态。

到互联网公司时，以硅谷为代表的互联网公司也是最快速发展的，包括谷歌、雅虎等都是快速兴起的，中国互联网是赶上了这一步，但更多还是从美国学来的，今天很多互联网标准，包括链接和根服务器等产业标准和环境都是以美国为中心的。八大根服务器有七个在美国，其实互联网时代也不是以中国为核心的。中国开始发挥一些作用，开始在产业上形成重要力量是从移动互联网兴起的。

今天谈手机制造，会提到华为、小米、oppo、vivo，你很少听到三星等公司，很多中国的高科技公司，很多中国的明星公司都是随着移动互联网开始兴起的，它背后最核心的原因首先是中国改革开放使经济快速成长，形成了红利；其次是中国互联网的底层建设，包括速度、带宽远超美国，形成了快速的成熟的互联网体系；再次是中国在3G、4G上投

入极大，已经形成了自我标准。所以真正起到重要作用的是从 2011 年开始的改革开放的红利、人口的红利。我们在 3G、4G 核心技术上的投入，在移动互联网上初见成效。

我们经过了低迷期。雷军总创办小米，2011 年担任金山董事长时，他说他自己做小米压力很大，金山这边精力不一定够。他说移动互联网是在创办小米的过程中已经想清楚的一件事，金山各个业务群组怎么做移动互联网我不说太细，但是你们想清楚了要去做，想不清楚也要去做。所以，我说我们当年懵懵懂懂被雷总一脚踹进了移动互联网，那个时间点卡得非常好，2011 年就是非常重要的时间点。我们抓住了那个机会，很多中国的互联网公司也是起步于 2011 年。

金山是一个 31 年的老公司了。不说在互联网或者软件行业里，在中国企业制度上来说，30 年的老公司都不多。我问大家：80 年代末期成立的软件公司或者科技公司还有几家？一般两只手就能数出来，比如说华为、联想、中软，大概不超过两只手。31 年的历程对于中国高科技行业是一个漫长的历程，能走到今天屹立不倒，并且从 2012 年开始的 7 年时间，公司每年复合增长 50%，这是很少见的，证明你走上了高速成长之路，你是一家有朝气、有活力的公司。这就是整个金山 WPS 业务过去 31 年的历程。

金山的 31 年，前 15 年我没赶上，后 16 年我亲身经历了。

这样一个公司走到今天，变成这个领域有独特代表性的公司，在办公服务、云计算、SaaS 服务等领域都有标志性事件。所以通过对金山 31 年的回顾讲一些故事，是能够反映一些核心原因的。

我讲 WPS 的时候，大家总觉得仅是一个软件公司而已，前些天因为我们准备上市，各个媒体也在疯狂报道金山办公，我看了一个新闻标题叫“雷军旗下的活化石准备上市”，内容写得还好，也比较正向，但是

活化石总觉得给人很笨拙、古老、沉静、过时的感觉，实际上不是如此。我可以告诉大家 WPS 到底是什么，为什么我觉得分享 WPS 对产业、行业、兄弟公司有价值呢？

每月超过 4 亿的活跃用户，覆盖全世界 220 个国家 46 种语言，WPS 已经变成了世界上最主要的办公软件之一。其中移动用户在全球都领先，用户每天上传、下发产生的复合性文档超过 5 亿，每天的吞吐量超过了 5 亿，存在云端上的是 35PB，这只是文档，按纸质图书算，相当于几百个顶尖图书馆的存储量。这些数字告诉你，WPS 已经从软件属性、工具属性慢慢进入互联网属性、移动互联网属性，甚至进入到每个人的工作、生活，慢慢变成一种常识性工具。今天的 WPS 跟过去不一样，WPS 代表产业特点，代表行业层次特点和用户需求的特点。

我说这些数据不是纯讲 WPS，是想通过这个关键业务领域去分析我们怎么做到的，它的特点是什么。今天在全球范围内做办公软件的公司不多了，它的核心技术需要突破，需要长时间积累，大概不超过十家公司能做办公软件，它的积累壁垒比较高，又是跟人的工作、学习息息相关的，属于刚需性产品，所以我们看用户反馈时发现很多有意思的特点。

随着移动互联网的发展，出现了一些数据性变化，证明 WPS 不只是一个简单的桌面软件。以前对 WPS 用户的统计，有一个特点叫朝九晚五，每天早晨用户量激增，下午 5 点或 6 点时快速下降。但是随着移动互联网来临之后，移动用户会给 WPS 应用产品带来根本性的变化。比如说从子夜开始有人使用 WPS，从上班的路上到白天工作时间，到晚上加班，一直到深夜都有人使用 WPS，你会发现 WPS 看起来是软件，但也跟很多工作之外的场景在结合，57% 在家中使用，还有在车上、机场都在使用这个办公软件。

正是这样的使用情况，反馈出很多有意思的现象。用户不光是在工作时用，还有很多特殊的应用场景，比如说做简历求职。我们有个模板下载网站，有各种各样的工作报告模板和演示报告模板。

使用量最大的是简历模板，在大学毕业生投简历时会下载这类模板，每年求职季都是模板下载的高峰期。

还有医疗类模板，这个模板分类的第一名是准妈妈模板，内容包括孕期的排查表，怀孕多少周要做检查，要注意哪些身体特征状况，这个表在医疗类中排名之一。WPS 被当成生活必需品，人们只要用这些素材就会从我们的网站上获得。

很多模板和用户需求是随着社会热点、社会行业情况变动产生的。前一年我们统计过一次，离婚协议书的下载量最大，当时对这个情况非常不理解。我就问工作人员，他说那几年正好是中国房地产特别红火的时候，刚开始限购，一个家庭只能买一套房子，但是离婚后就可以买两套。有些人假离婚，然后买了房子又复婚，不会为了假离婚请律师写离婚协议书，干脆就下载一个模板。所以特殊模板用于特殊用途，总有想象不到的异常特殊的需求。

今天，WPS 已经不是简单的工具了。WPS 走到今天，不管从业绩、收入、用户规模、成长性，包括参与用户的学习、工作、生活的方方面面，已变成人们必需的软件产品。所以我不太愿意听到活化石的比喻，30 年的老公司确实依然在快速成长。

那快速成长背后的原因是什么？有人对我说：我从来不知道你们 WPS 这么好用，我从来不知道你们 WPS 做了这么多工具，我们从来不知道你们 WPS 跟微软是兼容的。我们经过摸索和探索，企业发展到现在从来不是一帆风顺的，经历过各种各样的痛苦和选择。除了金山软件之外，也有很多创业者面临同样的选择。

那我们怎么走过这条路的呢？回看 30 年的历史，怎么用一个概念描述呢？中国改革开放 40 年发展成长太快了，大家往往有急躁的心态，总觉得我做事就得马上成功，融资就得 1000 万人民币，过一年就变成 1 亿人民币，上市之前就准备到 10 亿人民币，好像一年要翻好几个跟头。我说这样的发展有特别成功的，但是对绝大多数公司要学会用时间维度去看。

我看过一个行业报告，中国的中小软件公司平均生命周期是三年，中国的中大型公司平均生命周期是七年，好像真的是挺短暂的。日本有很多百年老店，两百年老店都有。在中国，改革开放走到今天，要学会用时间维度去看一家公司就比较关键了。

有三点是在时间维度下我们成长过程的关键点：

第一，自我坚持与否定。一个企业跟产业环境相关，还跟投资人相关，但是这些因素不是最根本的。企业随着某个时间段的变化会与产业环境产生关联性，但真正跨过一个时间维度再看这件事，实际上跟自己相关，或者是跟创始人相关的。创始人对于文化的理解，或者对自己文化的坚持和认可，包括遇到问题的自我盘点和自我否定，将变成决定一个企业能走多长时间的关键因素。

我们刚才回看金山软件 30 年的起起伏伏，可谓历久弥新。2018 年 12 月，金山庆祝 30 年庆典的时候，两个创始人雷军和求伯君在舞台上相拥而泣。他们觉得现在多做一点业绩或者一个产品，这是常规性事件，但是把一家公司经营 30 年而且这么有成就，他们从心里觉得是更值得自己骄傲的一件事。

所以，回看 30 年历史，什么是企业的基因，什么是企业最应该坚持的东西，创始人文化最重要。包括我们整个金山，包括 WPS 核心创始团队都坚持的一个文化是——技术立业。我们谈技术立业不是一个概念，

技术立业是我们真实情况的反馈。我们的创始人求伯君，当年一个20多岁的年轻人，1988年在深圳靠个人能力，用汇编语言在没有任何调试环境的情况下，编了几十万行的代码，写了WPS1.0，对我们来说是神人一样。所有逻辑结构要不断反馈或者调整，出了错误要追溯错误来源，要不断地往复。

大家老说求伯君是中国第一程序员，核心原因是当年所有程序员都对他无限崇拜，包括雷军加入金山也是对求伯君的无限崇拜。雷军是1993年加入金山的，也是最核心的程序员，他的技术能力极强，而且一直写代码。当时北京办公室发生了小火灾，把他的办公桌给烧了，也把硬盘烧坏了，他自己存着的所有代码就清空了。我也写了很多年程序。所以你看，金山从成立就顺应电脑行业的趋势和用户需求，加上我们想用技术方案解决这个用户需求，创立了金山公司和WPS产品，所以技术立业是骨子里的事情。

最近很多行业分析人员在写金山办公上市财报时用了一个数据，他们觉得很夸张：金山办公的研发成本为38%。什么概念？绝大多数上市公司的研发成本基本在10%以下，5%以下的也很多，我们30%多。我们整个金山办公的成本主要有两项，一个是人员研发成本，一个是云计算相关成本。我们没有在营销上投入太多力量，这就是技术公司的体现。我们最擅长的表达方式不是做广告，不是到地铁上贴一个画，不是在报刊上发很多文章，我们最擅长的，包括我们对用户表达忠诚度的方法就是用产品说话。

在2019年上市之后，雷军总一直说：社会纷纷扰扰，你不一定能抓住很多机会，但是要做一款让用户觉得很满意的产品，有良好口碑的产品，这样就尽职尽责了。我们都是以产品形态为主，包括雷总自己在创办小米时，依然用产品、用技术、用理工男的思路在感恩回馈。

在金山公司30年起起伏伏中，我们在面临选择时，重要的是认知自己，我们是一个技术公司，我们用先进的技术帮客户解决问题，这是走过30年的关键因素。

我们那时候接手WPS时，用户基本上趋于零了，被跨国公司打得基本没有还手之力。但当时国家开始支持民族软件和自主创新，WPS坚持了很多年，正好借助这个机会再试一次。我们下了很大的决心，用了最后一笔资金重新写了WPS，到2005年发这个版本时，从用户反馈来说是成功了，但是这个选择是很有风险的。

今天企业谈管理制度时，我们的核心目标是为股东创造价值，作为一个合格的企业经营管理人员，在当年那种情况下不该做WPS，因为没有给股东回报，完全不挣钱，那个时候整个金山四大事业部里工资最低的就是WPS部门，奖金最低的也是WPS部门。

2003年到2005年，我们真正下定决心：为了中国软件自我创新，我们尽最后一份力量，集我们之力，集我们最优秀的程序员之力做一次努力。如果做不成，给国家一个交代，实在是扛不住了，没有办法。但是幸好我们做成了。实际上政府采购不会带来特别多的利润，但是它给你一个信心，就是你的产品有用户认可了，这就是非常关键的因素。有用户认可，有些微薄的收入保持持续运营就可以了，我们坚持把WPS做好，那就是从2005年到2011年一直在走这个路，走兼容、走替代，无声无息。

所以，我们是技术创业的公司，我们是围绕技术突破去走的，我们所有的动力来源于自我的认知和用户的支持。这是我们30年历久弥新的关键因素。一个企业面临选择，在困难时、快放弃时还是要坚持做，同时还要知道为什么做，不是为了投资人去做，不是为了收入去做，我们希望用高新技术的方案去解决用户的需求，想做一些创新的东西，这是

核心动力。

第二，除了技术立业之外，还有哪些是有所感知的？就是多几分钝感力。

从1988年到今天，经历了太多的潮起潮落，从早年的软件机会、系统集成机会、门户机会、社交机会、电商机会，这么多机会，好像我们WPS什么都没抓住。我们每半年开一次战略讨论会，每一年开一次有雷总参加的集团战略分析讨论会。我们一个机会都没抓住，有时候会觉得很沮丧。后来我们想没有抓住的原因是什么？有些东西你看起来是机会，但不是你的机会；有的机会是行业机会，不是你的机会；有的是A公司的机会，不是你的机会。其实在这种海量机会下如何把握住你自己坚持要做的事情，是需要一些钝感力的。

我参加过很多投资人的会议，每次参会都热血澎湃，很多都是几亿的融资，我们WPS一路没有拿过什么钱。我们有个兄弟公司叫猎豹移动，走得非常成功，叫中国移动工具的出海。我说我们要学他的经验，专门为此做了5000万美金，后来把移动端开发出来时，早年移动设备就是3.5英寸的小屏，没有定位。其实我们产品运行起来并不好，这个产品怎么能移动出海呢？所以我说不行，咱们等一等，把技术表现好，把用户体验做好。等我们真正做好时，发现没机会再出海了。2014年出海时是0.2美金预装费，当我们准备好产品，用户体验与口碑都很好了，包括苹果也给我们认证了，觉得是个好产品时，已经2美金预装费了。我们骨子里还是想做出一个好产品，做出一个用户体验极佳的产品。后来一想算了，这也许天生就不是你的机会。所以在这样一个海量机会情况下如何分辨？不要受这些纷纷扰扰的事情所打扰，你有你的专长和文化，你有你创始的初心和动力，如果被那些机会所左右，你可能就会变成收入和资本的奴隶，这是不能长久的。

全世界市值最大的 20 家公司，2000 年的时候全是美国公司，到 2018 年有 9 家是中国公司，有这么多公司借助了中国经济发展的红利、移动互联网爆炸性的力量取得了很大的发展。我们也天天在看，为什么美团发展速度这么快，其实也有我们自己想做的事情，但是我们没有在这个赛道上，坚持做 WPS 也能做成世界顶尖的公司。

还有一个困扰是很多人回避不掉的。很多初创的投资人问这个问题：如果腾讯阿里做了这个业务你怎么办？其实这是无解的。你应该更加关注你的用户，你的用户是你的指路灯，用户的每一份点赞都对产品方向很重要，不要被外界所困扰，所以也需要一些钝感力。

第三，顺势而为。一两年就变化一个发展趋势，从互联网时代到移动互联网时代，到云计算时代，到人工智能时代，大家不要担心某个机会错失了，我觉得未来依然会保持这个速度，最重要的就是要抓住机会顺势而为。

雷总说："大风来的时候你是一只猪，你会被吹走。"我们 WPS 走过 30 年历程，真正抓住了两个风口：一是电脑开始普及但缺少中文，WPS 产生了。2005 年我们加入了中国信息化的潮流，WPS 的采购数量上来了。二是 WPS 进入个人用户，又是一个巨大的风口。有的风口是我们努力做到的，有的是被逼上去的。

你要找到属于你自己的最重要的风口。这么多年，机会太多了，比如社交、视频等，你判定好这个机会与你的初心，与你创始人文化，与你公司目标一致时，需要赌上全部身家去参与竞争。

我这里还想讲的就是当年重写代码的问题。我们已经赌上全部身家去做这件事，也抓住了互联网的发展机会，让 WPS 从用户趋向于零又回到市场的主流。这中间还有很多类似的机会都可以选择，核心因素是什么？就是你敢不敢赌上全部身家。乔布斯举起第一个苹果手机时意味着

移动互联网的来临，很多公司都是顶尖公司，他们对移动互联网的认可跟我们都是一样的，他们过去时代的收益非常高，面临新机会时他们一定会尝试，但是有的会浅尝辄止。试一下的心态在面临巨大变革时会造成巨大障碍，如果不加上所有身家去赌，你一定是必败的。

第四，还要抓住属于自己的时机。当年大家走的是兼容替代，做技术出身的都愿意做原始动力，不愿意学习别人，要真正找到属于你的机会是非常重要的。

金山整个30年走下来，经验、感知、体验特别多，很难用成功描述它。很多会议都是请企业领导人在企业上市之后、巨额融资之后总结成功经验，到今天我能总结的不是成功的经验，而是经历的时间越长，跨过很多维度去看企业发展时，要有敬畏之心，每个公司都会面临不同的机会、挑战、挫折，很多说不清楚。

我不讲WPS的成功之路，但过去的30年走下来，有三点非常重要的：第一，企业要有自我认知，你要知道在纷纷扰扰的环境当中你的初心是什么。第二，需要钝感力，不要被竞争对手所威胁而害怕，这是做人、做企业要坚持的核心原动力。第三，做企业要顺势而为，尤其是在面临一些大的市场或机会时。这三点是企业经营管理中的关键因素。

总的来看，30年金山，30年WPS教会我学会和时间做朋友。今天也不是终点，中国需要一些愿意做百年老店、努力拼搏的公司，包括很多兄弟公司都要抱着这个想法。

最后大家可能会问：你们走了31年，未来在什么地方？这要回到刚才说的三个观点。2017年我去泰国，泰国政府买了WPS作为政府办公软件。他们总理问我：WPS和微软有什么区别？我说我们跟微软一样，但比它便宜三分之一的价格，因为是兼容替代，文件格式、使用界面很多风格都是兼容的，价格比它便宜。

后来我回想的时候也是一身冷汗，我们走过的路其实永远在学习，但现在是你再想找竞争对手时就找不到了，如今中国、美国的商业环境、互联网环境、用户体验越来越不一样了。比如说像腾讯这种企业，像微信、QQ这样的产品，像淘宝在美国很少见，像摩拜单车在美国也没有，随着3G、4G、5G的发展，产业环境跟美国不一样了。五年之前就是把美国的东西学习回来就能用，但是现在不一样了，很多都是国外从中国学习一些形态。

所以前面无人时，就是要想一下你是谁。我们是技术立业的公司，首先想的就是下一轮技术浪潮在什么地方，像移动互联网一样会改变整个WPS或者中国软件产业命运的机会还有什么？我认为可能是人工智能，但是人工智能这件事我不多作解释，这是我们深思熟虑过的，技术立业还要继续走。

我去硅谷听他们作介绍经常听到一个观点，他们创立的是美国的公司，也是世界的公司，他们天然就会把全世界当成他的用户群体，所以就有树立标准、树立产业规则，包括树立生态链规则的天然想法。但是今天移动互联网时代的标准不是由他们来制定了，包括5G的纷争，未来很多标准需要中国公司基于中国独特的使用环境、用户环境、产业环境去梳理了。

要想在标准方面有所变化的话，必须向文化寻根，思考真正支持中国软件、支持中国好产品的是什么，所以科技之路、文化寻根是未来的想法。

总结WPS发展30年的历史，我们走过了软件时代，软件时代是以功能化导向为需求，功能越多这个产品越好；前一段时间我们以服务为导向，把服务能力做强。不管是云服务还是会员服务，还是模板服务、文档协作服务，都是以服务为核心竞争力。未来是以数据和标准为核心

竞争力的时代。

面向未来时又是一片海阔天空，需要所有同业公司致力于中国产业发展、自主创新和塑造高科技标准，我们都应该为之去拼搏、去奋斗。可以肯定，前途是光明的。

谢谢各位！

特邀嘉宾

宗成庆　（中科院自动化所研究员，中科院大学教授、博导）

人工智能的概念是 1956 年提出来的，目标就是让计算机能够像人一样，听懂人在说什么，看懂人在写什么。人有三种最基本的智能，最底层的叫本能，例如人生下来就会吃奶，可以通过声音或者行为表达自己的需求；第二种是人对外界的一种防御能力，当人遇到危险时会逃跑，受到攻击时会躲避，这是中层智能；高层智能就是指人对语言的理解和认知，这是区别于动物的本质的。

计算机怎样像人一样理解语言呢？这是非常困难的。金山 WPS 作为编辑软件，非常密切地结合了自然语言处理技术，多年来葛总和团队作了大量的努力并最终取得成功，非常不容易。大家都在说人工智能，但很多都有点泡沫，怎么把这件事落地做好是非常不简单的。真正的人工智能作为独立产品在产业界里面应用是非常少的，大概就占 10% 左右，而 90% 是以一项技术加上人工智能，例如交通、医疗等，加上人工智能以后，使其具备人的认知、感知和决策分析的能力，从而变得更好。金

山 WPS 以及金山其他的工具软件，例如金山词霸等，应该属于前 10% 技术当中的一项，这是非常难做的工作。金山 WPS 作为编辑器，里面涉及很多自然源处理的问题，比如说编辑文字的校对、智能写作等问题，葛总带领团队正在做智能写作的研究，未来有很大的市场和需求，可能比离婚协议书具有更广泛的用户。

我们国家正处在非常好的时代，大众创业，万发创新，我做自然语言处理很多年，培养的博士生都是分布在各大公司里面。去年我团队里有一个年轻研究员说他要创业，我特别高兴，我说鼓励你去创业，但是要注意两点：第一不要忽悠别人，要把事情做实，老老实实做好以后再说话；第二不要期望值太高，不要一上来就想做个微软，我说你保证公司三年不“死”就不错了，大部分中小型公司的寿命也就在三年左右。语言处理有非常广泛的应用面，只要有人讲话，就有对自然语言处理的需求，所以像金山 WPS 软件这样的应用软件肯定会有更广泛的应用场景，只要涉及文字和语言的，都会需要这样的一项技术。对于金山，对于 WPS 这样一个研究议题，我个人充满了敬仰，能够沉下心来，冷静思考把这件事做好是非常了不起的，回去以后要给我的学生讲，以后不用向微软看齐，要向 WPS 看齐就好。

特邀嘉宾

雷毅 （北京数码大方科技股份有限公司董事长）

刚才听了葛总讲的，如何以史为鉴、温故知新，如何从企业经历看未来发展，特别有共鸣和感触。我是做工业软件和工业互联网的，主要面向制造业。我本人是技术出身，以前在北航念书，然后教书，进而做教授、博导，继续做学术。但是当时还是有个想法，中国的工业需要核心软件，中国工业本身的核心软件应该有自己的东西，所以后来又出来开始创业，想把它产品化。

工业软件和工业互联网的作用简单来说，第一，例如我们看到的阅兵的装备、中国重器这些装备，以及生活中常见的汽车或者电子产品，这些是不是能设计并制造出来；第二，能不能短周期地把这些产品设计和制造出来；第三，能不能短周期、低成本地把这些产品设计和制造出来。把一架飞机的生产周期从十年降到两三年，让一款汽车的生产周期变得更短，工业软件和工业互联网就是来支撑以上这几点的。

开始创业后也经历了很多坎坷，所以对葛总提到的很多内容我非常

有感触。刚开始的时候，我国版权环境还不像现在这样好，在网上5块钱、10块钱就能买到国外盗版软件。在这种情况下，我们要想坚持做下去，就要靠刚才葛总提到的初心，就是中国工业软件有没有自己的核心软件，我们设计和制造的核心能力能不能在我们手上，所以我们坚持做这件事，也花了很大投入在核心技术研发上，并承接了国家“互联网+”制造国家实验室。我们希望在技术驱动下，无论是我们自己的核心能力还是产业界的核心能力，可以不断创新提高，希望通过自己的努力为客户呈现价值，通过技术不断创新改善我们的产品和方案。谢谢大家！

特邀嘉宾

陈彤 （故宫博物院古建部高级工程师）

听了葛总的演讲有很多收获，他有一个关键词叫时间，在我的概念当中，时间有时候是一个有哲学含义的词，因为大家首先会想到变化，同时和变化相呼应的就是不变。有时候在想，我们现在身处这样一个瞬息万变的时代，可能我们更加需要思考，什么是永恒不变的。一定是那些特别顽固、特别顽强的因素和基因，或者是一些特别有价值的东西。有时候我在想什么是价值，如果一个人或者一个事物具有永恒的价值就可以打败时间，这个事物或这种特质一定要具有不可替代性，越具有不可替代性，它的价值就越高。

我们一个人活在这个世界上是在处理两种关系：一是人和天的关系，一个就是人与人的关系，这种命题会超越时间。关于人和人的关系，其实很简单，人就是两个世界，一个是他面对的物质世界，另外就是他的精神世界。所以无论是做一件事还是做一个企业，核心问题都会回归到这样一个本质问题上，就是我们如何面对人的物质世界和精神世界。我

想人的精神世界是一个更重要的世界。刚才葛总说要用宏大和战略的眼光看这个问题，你要抓住一些特别本质的痛点。我个人虽然不是佛教徒，但是依然认为佛教是很伟大的宗教，它之所以能在全世界有很广泛的流传，就是抓住了人精神上的痛点。这是值得深思的。

我今天非常概括地跟大家介绍一下我们和金山创意的活动。我们一直在对建筑的文化符号进行挖掘，希望把中国建筑的古典文化作为新鲜血液注入企业当中，作为其新的助推力，作为其文化底蕴。中国古代建筑是一个很独特的体系，大家都觉得具有不可替代性，那具体在于什么呢？在于中国人的世界观。中国古典建筑强调天人合一，实际上就是回到天人关系的处理，把自己的居所设计得特别富有诗意，融进大自然当中，而不是强调和大自然的一种对抗，这是中国古典建筑的根本出发点。另外在这个过程当中还要注重人文环境的营造，就是自然跟人工的东西要巧妙地融为一体。因为我们作为中国人，不管是古人还是现代人有一点是不变的，就是人性。我们老祖宗的基因是不变的，我们能不能把这些东西挖掘、提炼出来，注入今天的社会当中？有时候大家觉得历史很遥远，例如敦煌莫高窟盛唐的藻井，因为时间可以改变很多东西，它的轮廓有些模糊，它的色彩有些黯淡。我们做了一个简单的复原，还原出它当时的状态，一种文化在最璀璨的时候具有怎样的生机力，唐朝人海纳百川的胸怀是值得我们学习。

装饰作为中国古代建筑的手段，呈现出什么样的人文状态，对人的精神有什么影响？彩画就像人的服装一样，其实人本身不变，但是由于你为了适应不同的场合，处于不同的季节和环境，就会对服装发生改变。建筑也会穿上不同的“衣服”，在这个基础上加一些图案，色彩上有一些冷暖对比、繁简的变化和细腻的叠韵，所以从服装上来看，这将影响人的精神世界，是特别重要的。我们如果能够抓住精神世界的痛点，可

能就会走得更远。

从中国传统的古代建筑当中我们能够提取哪些符号呢？古代人盖房子是把建筑作为艺术品来对待，无论从整体的规划和体量塑造以及每个细节都作出一种很精致的装饰设计。板中有灵，刻中有活，结中有放，中国古人特别善于抓住一个事物的两极，把对立的事物完美地统一起来，一个图案看起来很严谨，但是又很灵动。以故宫的建筑作为例子，方和圆，青和绿，生长的树木或者花朵，把蝙蝠画到画里面，窗户的窗棂也可以做得很有诗意。到了台阶部分，虽是佛教的舶来品，却被中国人接纳，然后重新消化，演绎出自己的精彩。绶带绣球也都是美好的寓意。我们办公软件除了满足大家的物质世界，还在好用、便捷的基础上能够更加触动大家的精神世界，滋养一下大家的心灵。

金山与故宫的合作创意，目的是希望让中文之美飞入寻常百姓家，本身这些符号就是老祖宗几千年来一直在使用、一直在传承的符号，这些符号其实有很强大的文化生命力，能不能让其在老树上发出新芽，像一粒种子重新绽放开花呢，直至最后的春风化雨、润物无声。

特邀嘉宾

吴纲 （央视一套《大国品牌》总策划、总出品人）

今天葛总提出来“时间”这个命题非常好，我围绕这个命题展开，因为我是毕业以后长期在央视二套做财经记者，后来做负责人，现在负责央视一套的《大国品牌》，近30年一直在和中国企业家打交道。从技术来说，中国真正的商业社会可能从改革开放开始，大家都知道第一个阶段做市场化技术，当时合资企业是最吃香的，因为合资企业有技术，我们那个时候尽管有80后的创业者，但是因为没有技术逐渐被市场淘汰，有的企业家很聪明，在合资当中或者在引用当中建立了自己的技术体系。第二个阶段，有了资本花钱买技术，比如说联想买IBM，吉利买沃尔沃，不但买技术也买品牌，在全球竞争中需要花钱买技术和品牌。第三阶段就是现在非常交融的阶段，移动互联网的发展带来很多变化，可能全球真的是在一个水平线上竞争，所以在全球20强里面，中国有了很多席位。我们看到了BAT（百度、阿里巴巴、腾讯），包括华为、科大讯飞等。全球国与国之间势必会发生各种争议和竞争，因为美国也感到威胁了，

我想这是技术上的第一个大问题。

第二是现在国家的产业政策，我们经济上的三个转变跟这个是恰好吻合的。中国制造向中国创造的改变，中国速度向中国质量的转变，中国产品向中国品牌的转变，三个改变恰好暗合了中国改革开放 40 年到现在必须提出一个面向全球的新命题。

第三，我在长期的研究当中发现，经济学讲的曲棍球棒效应，它的效应曲线类似于高尔夫球杆，杆头很短，然后向上翘尾，这个球杆很长。到了工业革命，尤其以电力启动时，这个球杆就翘尾，带来很多改变，很多瞬息万变的东西都是在这个时候开始的，中国没有那么早。1949 年，全国的 GDP 才两千亿人民币，现在是 90 多万亿人民币。这样类比的话，1949 年到现在，全球 GDP 增长了 16 倍，而中国增长了 500 倍。从时间维度来看，如果我们类比一下，一个股市横有多长、竖有多长的话，我们遇到的很多经济危机可能只是翘尾上面忽略不计的弯钩。我们是否拉长时间维度去看，我们只是这个翘尾的刚开始，就像你的股票刚开始进入高速上升期。所以我们的后发优势是很明显的。现在，我们的很多的长处也是非常明显的，中国最大的长处，就是无比勤奋和热爱学习，无比的积极向上，所以我坚信中国的高尔夫球杆才刚刚翘起来，和时间做朋友，在未来二三十年一定会给我们满满的人生收获。

特邀嘉宾

张熠天　（国家工业信息安全发展研究中心人工智能研究室主任）

金山走到今天，什么是最核心的东西，我想到了三条：第一，专业专注，这是非常重要的。现在中国的很多企业缺乏定力，金山的核心是一家办公软件公司，软件企业成功需要什么？简洁、应用、客户体验等，这是一个初心。这个专业专注，有一个方面应该感谢微软，因为当年微软出了黑屏事件，让所有使用盗版 Win XP 操作系统软件的计算机黑屏，因此政府层面才下定决心，一定要做牢国产基础软件，给了国产软件生长的土壤。

第二，还是讲专业专注的很多原因，在这二三十年时间里有很多风口，O2O、互联网等，很多科技企业都“飞”了，我们几十年下来回头看，金山依然保持科技公司的属性走了下来。

第三，就是坚持以用户体验为核心。这其实也是软件开发最重要的因素，就是面向对象的开发技术，把用户、客户永远摆在第一位。为什么小米这个手机能做好，它永远比安卓本身原始的系统或者安卓在其他

手机上的应用做得更好，米粉是深深认可的。在金山办公软件上也是，从最早的香港金山软件开始，大家用过金山 WPS 和用过微软 Office 来讲的话，金山在里面有很多小的设计，不光是模板、云服务上的，很多小插件确实比 Office 多了一些功能，它的功能就体现在这个方面。包括从使用来看，手机下载移动版的 WPS 会打开所有文件，如果用微软 office，有很多文件是打不开的。这就是一个坚持。在座的很多都是前辈，宗老师做了很多年了，但凡做了二三十年的企业，任何产业都是有波动、有周期的，都会有好的时候，也会有低谷的时候，我们在最艰难的时候有那种韧劲，像灭火队长一样把所有困难都灭掉，这是一个韧劲和坚持。

刚才葛总讲到，下一步金山怎么走，从哪个方面寻找动力，一个最核心的东西就是初心。这跟党的初心教育是一样的，就是回归金山软件本身的初心，我们是什么，一个是办公属性，一个是软件属性。未来软件是什么样的？有两个方面：一是文化层面。如果寻找来路，就应该回顾历史的脚步。9 月份的时候，在法国做了一个中美欧的人工智能话题对话，美国措辞很严厉，就是针对性很强。欧洲很从容，尽管也会纠结。世界排名前 20 的互联网公司，11 家是美国的，9 家是中国的，但是没有一家是欧洲的，欧洲人认为这是问题，但是欧洲人宠辱不惊，最后一个发言的就是即将当选的巴黎新市长，他发言完了以后得到了全场的掌声，他就讲：法国这么多年的文化发展，就是从文艺复兴当中找到了自己文化发展的内在根基，同时也讲到了中国孟子、孔子一系列的中国文化。中国人从来没有像今天这样，在面对重大历史问题的时候从容不迫，那是为什么？恰恰是我们中国可以从五千年的历史文化当中吸取营养，四大文明古国唯有中华文明传承了五千年没有断代，而且中国人会自觉记录自己的历史，我们可以不断地从历史当中吸取营养，找寻我们未来的路。

保持文化之路是第一个，第二个就是技术，我们一定要想好这个本

质，技术只是一个辅助手段，尽管人工智能会有新技术，但是我想办公会发展成什么样子，刚才讲到了金山办公会有新的模板，在新的企业办公当中更多的是数据流、出差的报表等，会不会把一个新的载体方式或者智能写作转换成技术上的方式？不管是文化还是技术，只要回到本身的初心，就能找到我们文化的来源。

特邀嘉宾

邵立松 （天津飞腾信息技术有限公司软件技术部总监）

我负责国产CPO的生态软件建设方面的相关工作，毕业以后一直工作在国产化的历程当中。简单说一下整个国产化的过程：在2009年之前实际上是各个技术团队或者企业零散、自发的一种国产化行为。2009年之后，我们三个五年计划就是“核高基”计划，国家开始在核心器件、高端芯片和基础软件进行统一布局。那么是谁加快了这个工作，是特朗普或者中兴事件、华为事件让我们的这个工作提前了，所以就到了全国的办公系统和关键行业的应用，我们国产化分三个大步骤在走。

我们已经建立了完整的工业体系，但是我们国家没有建立完整的信息化体系。金山已经有一个文本软件，但是整个的关键体系还没有建立起来，所以我们肯定想通过软硬件牵引工作建立信息化体系，对中国而言，中国的IT美元规模一定会大大超过石油美元规模。

有些人认为我们IT生态依附于国外的体系上，是一种寄生的生态，这是比较片面的。因为国产化最终成功是要融入且能主导国际化，不能

和国际化割裂开，应该是融合的。我们一定要做到有能力建设和产业化建设，而不是封闭的单点技术建设。我不太认同国产化是单点技术建设的理论，所以我希望更多的领导和从业者能够理解我刚才说的这种意义，来共同建设我们国产化的信息化产业，谢谢大家！

第九讲

新时代：读者的新需求

主讲嘉宾

樊　登　王　斌

主持嘉宾

阎晓宏

特邀嘉宾

阎崇年　吴尚之　王　秋　梁鸿鹰　尹鸿祝　赵婀娜

赖名芳　王陆军　任道远　满向伟　黎　波　王利明

蒋晞亮　程三国　史　妍　薛晓源　鲁　唯　贾立斌

于洪恩　徐智明　杜建平　卫　鑫　杨　超　闻　鹏

张桢宇　赵　杰　叶　子　张　权　陈　鹏

新时代：读者的新需求

樊登　（樊登读书创始人）

最近很多朋友在抖音上看到我，那个其实不是我们努力去做的商业推广。我们在抖音上没有花过营销费用。那是你在抖音上关注文化、教育内容时，看到我的时候就停留了一下，平台就会给你推。我们内容产出比较多，所以我们排得比较靠前。

我是 2013 年底从大学出来开始做樊登读书的。那时候，我发现这个社会有个痛点：大量的人都买书，中信出版社出了那么多好书，销量都不错，但是如果我问读了没有，大家都笑。买了就行了，包括现在大学生毕业出来以后好像也丧失了阅读的能力，这是我们最担心的一件事，而我个人是一个比较喜欢用阅读改变生活的一个人。

我最受益的时候是在中央电视台做主持人时，闲暇时就读《论语》，我用一年时间把所有版本都读完，就觉得整个人生变得淡定了很多，开心了很多，也喜悦了很多。接下来我又用一年时间读《道德经》，还有一年时间读《金刚经》。

几部经典读完，发现比以前过得好了，后来我读了很多教孩子的书。我儿子2008年出生，到现在11年，我没有对他大声说过一次话，不需要。他成绩也很好，体育也很好，性格也很好，跟大家处得很好。我发现书里教的东西不骗人，书里教的东西是真的对你有效的。

后来有一次，我遇到写《正面管教》的老太太，我们俩有个一模一样的观点：如果你在教育孩子时觉得有痛苦，一定是因为方法错了，这是我们俩不约而同得出的一个结论。

所以，我发现读书真的能够改变我们的生活，读书真的可以带来特别多的益处，为什么不让更多人来读呢？后来我问那些学生们，说你们为什么不读书？他们说第一读不懂，第二是没时间。一开始我在办樊登读书的时候，很多人甚至大部分人的反应是：我喜欢自己看书，我不愿意听别人讲，别人讲了就变味了，不像读书的感觉了。这个其实是大家不习惯而已。我们回顾一下出版业的历史就会发现，出版的出现是由于有了印刷机，印刷机的出现颠覆了整个教会对于人类知识的统治，之前人们对于知识是垄断的，只有教会和贵族才有能力抄书。所以当纸质的印刷书籍在人类历史上出现时，那时候所有人的反应跟今天有人讲书的反应是一样的，说我不愿意读印刷的书，因为印刷的书没有灵魂。中世纪人认为印刷的书没有灵魂，其实印刷的书极大地促进了权力下放，促进了老百姓思想启蒙，才有了后来文艺复兴和启蒙运动的诞生。

所以，今天面临着移动互联网时，我们有没有可能找到一种新的方法，使得知识的传递变得更加高效和快速。

我经常劝对听书有偏见的人，我说你小时候上数学课时你为什么一定要听数学老师讲，因为你看不懂，你自己拿着数学书看，你学不会。

我们讲书时基本上不讲文学书，像《红楼梦》、莎士比亚作品等根本不讲，文学类的书籍就算读错了也是对的，这个叫一千个观众心中有

一千个哈姆雷特。这个读错了没有什么问题，不同的年龄、不同的感受，这个没有问题。

但如果是一本怎么教孩子的书，你如果读错了，那你的方法就是错的，你得出的结果就会认为这本书没用。如果是一个关于算法的书呢？中信出版社出了很多很棒的书，中信出版社在推动人们关于复杂科学的理解，关于混乱这件事的理解，对于算法、对于未来的影响这件事上功不可没。我原来是个老师，没有创过业，我的大量商业思想，我的创业思想就是从读中信的那些书来的。那书里面怎么讲，教别人怎么做企业，我就照这个东西做。

所以，我们是把我们从书中能够找到的工具传递给我们的受众。一开始大家很置疑，我们的起步非常艰难，这个叫飞机起跑曲线，所有指数型企业的发展都是这样的。您知道我们现在会员数有多少吗？ 2600 多万了！今年还没有到双十一，双十一之后还会更多一点。

通过这些实践以后，我们就发现，我们给用户的生活带来了改变。在现在这个时代，大家会发现：用做广告的方式去卖东西已经不行了，原因是广告重心已经偏移了。过去广告资源特别集中时，大家都是靠打广告，那种组织发展形式叫作线性组织，它的特点是斜向上的线，所以你打的广告次数越多，你的收入越高，你不打了收入就下来了。但是现在这个时代，像拼多多、滴滴打车，它不需要依赖打广告，也可以指数型地增长出两三亿的用户。

指数型组织在于用户传播用户，一个用户觉得好，周围有一圈用户觉得好，带来的效果要比打广告好得多。我们的产品也借鉴了指数型组织的一些思路，用户觉得不错，他就分享，一个用户带来十个用户的情况非常多。但是我们不是传销，我们没有给他钱。我们给他积分，积分可以用来换书，但是这会给生活带来改变。

如果你做了一个产品，别人用了觉得不行，那可能要求退费。如果你做了一个产品，别人用了以后还可以，挺好的，那他不会退费，但也不会给你宣传。但你如果做了一个产品，别人特别感动，觉得真的不一样、真好，这样他才会努力给你宣传，他会跟别人说："这个特好，你一定要试一试。"

在这个过程当中，我们怎么理解讲书这件事呢？我们做的是教育事业，我们不是商业。商业和教育事业有一个本质区别，这个区别是什么？比如说我们创业之初，我优先讲了很多亲子类的书，讲了10本左右以后，就有很多妈妈跑来找我们说，我最喜欢你讲亲子类的书，能不能多讲几本。但我就不讲那么多了。如果十几二十本亲子类的书还没有解决你的问题，那肯定不是书的问题，原因是你把听书当作自我安慰，你只有听书那段时间觉得自己是个好妈妈，听完又回到过去了。

这时候，你应该听一点达·芬奇传，类似于基因传，类似于复杂科学这样的书，或者怎么创业、领导力这样的书。她说，我是家庭主妇，我听这些干什么？没有人规定一个家庭主妇不能关心达·芬奇，没有人规定家庭主妇不能创业啊，你干吗非得让自己是个家庭主妇呢？孔子说，君子不器，不要把自己变成一个东西。

所以，我们的算法和抖音、今日头条是完全相反的。大家看抖音或者今日头条，比如说你喜欢看狗，它就给你推狗，甚至细分到你喜欢看狗打架还是撒娇，还是狗说人话，它可以判断出来你喜欢哪种狗。这是一种商业逻辑，商业逻辑的核心是满足，商业的核心是迎合，老百姓喜欢什么或者大众喜欢什么，我就尽量做这个东西满足对方的需求，这是商业的底层逻辑。

但是，教育不一样，教育的底层逻辑是改变。改变意味着，他如果从来都不关心科学，我就劝他关心科学；他从来不关心创业，我就劝他

关心创业。帮助一些对某些知识不感兴趣的人，帮他拓宽边界，所以他会感谢你，把你当作成长的伙伴。

樊登读书最早时包括三个模块：事业、家庭、心灵，这是所有人都应该接受的学习和教育。现在慢慢有了历史，有了外太空，有了人物传记，有了复杂科学。

我特别想分享下复杂科学，这是我们做企业的理念。王斌总是中信出版社的老总，按大家的理解就是出版社的核心，啥事儿都得他拍板，得忙死了，其实不是的。王总是我见过做出版社里面最轻松的一个社长，他能出来到处参加活动，每次我参加活动他都在，他的微信都不怎么用。中信出版社就是典型的复杂的蜂窝状组织，有很多分社，他把社里所有的智力都调动起来了，形成了生态，他可以思考核心的算法，这个生态不断迭代。

我是受中国传统教育长大的。从传统小学到中学，到高中再到大学和博士。我本科学工科，硕士是管理，博士是传播，这几个学科都学过了，但是我从来没有听过老师讲过复杂科学。我们大脑中有一个非常简单的思路，遇到任何一个问题，首先解决它的方法是分成几个模块，每一个模块里面分成几个指标，针对每一个指标，我怎么把这个指标做好，最后这几个凑到一块儿就是不错的，这是简单体系。

所有简单体系的特点就是因果关系很清晰，因果关系能够连得上，像造一辆汽车，这是典型的简单体系。所有简单体系如果想要维系，不要让简单体系出问题，需要靠特别复杂的手段。也就是说你越把简单体系管得狠、准，这个简单体系出来的东西越标准，就像汽车生产厂商，那个步骤多到无法理解。

但是，这个世界上有更多的事情并不是简单体系，而是复杂体系。复杂体系的最典型特征就类似蚁群。单个蚂蚁是非常简单的生物，没有

体现什么智力，但是一群蚂蚁凑到一起时就大不一样了。人类研究不清楚蚁群，蚁群怎么会有智慧？怎么商量事？怎么解决很复杂的问题？把蚂蚁挖的洞剖开一看，连防洪通道都有，小蚂蚁住的房间也有，老蚂蚁住的房间也有，储存粮食的地方也有，大家不明白蚂蚁怎么做到的。海底的沙丁鱼也是，一群沙丁鱼，单个没有智慧，但是当所有沙丁鱼开始运动时，你会发现不会发生踩踏，鲨鱼过来咬它的时候，它自然就散开，咬不着。这就是复杂科学。

所以，这个世界上有大量的事情和问题属于复杂科学。复杂科学的典型核心特征就是因果关系不清晰，没法追溯典型的因果关系。如果想把复杂体系运转起来，比如咱们北京有钱，然后我们引入一个丰田汽车放到花乡，完全有可能，花足够多的钱把丰田买下来放在花乡，这是可以做到的。那咱们花多少钱在花乡搞一个文艺复兴？我们把佛罗伦萨那些东西搬过来放到这边，我们花钱什么也做不了，因为它是一个复杂体系，它不一样，就算做出来也不一样。

所有复杂体系的发展，一定来自简单规则的驱动。有本书叫《复杂》，湖南科学技术出版社出版的，那本书特别棒。人类进化是一个典型的复杂过程，我们从一个单细胞生物进化到今天成为如此复杂的人，这个进化的过程没有人在那里设计。人的大脑根本就是半成品，根本不是设计出来的东西，人类进化靠的就是三条非常简单的规则：一遗传，二变异，三选择。就是当你给整个族群赋予了这么三个动能运转起来，遗传、变异、选择，一代一代地迭代变成今天的人类。

人工智能为什么比人类的发展更可怕？因为人工智能遗传、变异、迭代一分钟就可以完成，而我们人类要完成这三步可能要花 20 年，它只要一分钟。最可怕的不是阿尔法打败了柯洁，而是阿尔法狗 Zero 打败阿尔法狗只花了不到四个小时，就颠覆了上一代。

当我们理解了复杂体系以后，你会发现，我们在社会生活当中大量的情况不是拼凑一辆汽车，而是打造一个氛围，营造一个原始动力，让一些东西运转起来。最典型的就是教一个孩子成长。现在教育都特别痛苦，家长痛苦，老师也痛苦，用简单体系处理复杂问题会非常累，而且效果一定很奇怪。一个孩子更像是一个生命体，而不像是一个机械体。汽车这样的是机械体。所以，我们作为家长，作为教育者，我们更像一个园丁，而不是一个木匠，这是一个非常著名的比喻。就是有大量的家长和老师做成了木匠，木匠多累，把木头拿过来锯，非得弄成我想要的那个样子，你还未必能弄成，最重要的是弄成以后，这个人可能崩溃了。如果你是一个园丁，你就需要阳光雨露，洒点水，营造氛围，施施肥，有杂草就除点杂草，所以园丁比木匠轻松很多，但是花园却长得很好。

我们研究一个孩子的成长过程发现，孩子也好，企业也好，大到城市也好，其实是一个道理，就是内在的迭代逻辑到底是什么，复杂体系一定要找到那个最简单的迭代逻辑，找到那个迭代逻辑以后你要相信它的生命力，它会朝着正确的方向去走。

我们现在的老师和家长把孩子分成了语文、数学、英语、跳绳这样一些类别，让孩子使劲地报培训班，搞得语文、数学、英语、跳绳都很差，孩子上了大学以后可能会决定再也不上学了。但是想要一个孩子愉快轻松地成长是非常容易的，你要注意三个最基本的动力。

第一个是爱，你要注入爱。我们家长经常用的交流方式，要么是威胁，要么是交换，无论是威胁还是交换都是不可取的。因为这些方式破坏了孩子心目中父母对他“无条件的爱”。对于前者来说，孩子会不断试探父母的承受底线，最终形成叛逆的性格。而后者则会让孩子产生错觉：如果学习不是一件糟糕的事情，那父母为什么要给补偿呢？最终导致孩子失去对学习的兴趣。不爱学习是全民族面临的大问题，孩子没有内在

的动力，你爱他，他能够感受到无条件的爱，他才能爱这个社会，他才有动力为这个社会做事。这是最基本的原始动力和逻辑。

第二个就是价值感，你要让孩子感受到他是有价值的，他有能力改变自己的生活，他有能力为别人创造价值，要肯定他，他的自尊水平就上升了。自尊水平上升了，才有动力改变，改变之后自尊水平进一步上升，这个人慢慢会变成更好的人。一个下降逻辑是自尊水平下降，没有动力改变，最后不断向下走。

第三个核心动力就是终身成长的心态。固定心态把每次参加一个活动和比赛视作一次评判，每次都会说我今天表现怎么样，我全班排第几，他是生活在别人的指标当中，一遇到挫折就沮丧、痛苦、难过，甚至自杀。《士兵突击》里面王宝强扮演的角色，是具备"成长型"心态的人，无论周围的人如何看待他，他都要做有意义的事，并以此不断地学习和进步，把每一次挫折视作是学习和成长的机会，这是人内在的核心动力。

樊登读书已经是一个大企业，我们在海外也有很多分支机构，大概两千多个代理机构，有上千万的会员。但其实我一点都不累，我很轻松。我一个人在北京，全公司都在上海，我不用管公司，他们有内在的成长动力和逻辑。作为一个管理者，怎么样把下属、合作机构变成好人？管理的核心在于如何调动他人的善意，管理是最大限度地调动他人的善意，如果把我们的孩子变好，也就有能力把我们的员工变好。什么叫好？什么叫不好？分界线是把工作视作成长的机会还是证明自己的机会。一个终身成长的人根本不用争，因为他拥抱不确定性。

我最近读的一本好书叫《混乱》，这书讲什么呢？假如我们这里有一个算法，大家搞一个比赛，咱们大家现在分头去找世界上的最高峰，看谁能够找到最高峰，没有地图，你就找吧。那我们如果是工科思维，我们的想法就是按部就班地一直去找，这种方法很有可能一辈子都找不

到珠穆朗玛峰。

真正有效的算法是什么？计算机经过模拟以后发现，最有效的算法就是爬山算法。先把你随便丢到任何一个地方，你开始在周围方圆之内多少公里找到最高峰。站上去以后在最高峰几公里之内再找，如果掉到沙坑里面，周围全是低的没有高的就再重新抛一次，用这种方法引入随机性，这种算法经过大量的计算机模拟之后，是最快地能够找到最高峰的算法，这个算法里面隐含的含义是什么？就是你的生活当中要引入随机性，要引入不确定性。而我们的工科思维，我们从小到大受的教育和影响，都讨厌不确定性，我们希望所有都按照我的计划进行，包括最后我干到什么样。生活中一旦出现跟计划不一样的东西，我们的第一反应就是倒霉、糟了，为什么跟我想的不一样？但是如果真接受爬山算法的话，你会知道随机性、不确定性才是最快到达人生巅峰的方法。

举个例子，德国有一次举办音乐演奏会，请了美国的弹爵士乐的钢琴家，他发现这个场地方给他提供了一个很破的钢琴，声音很小，一弹低音部分还坏了，高音也不准，音乐家很生气，说不干了，走，临时就不干了。但是票已经卖了上千张了，那个音乐经纪人就找他，在大雨中追着他的汽车哭，音乐家就心软了，算了，就弹一次吧。但那次创下了世界纪录，卖了数百万张票，为什么一张破琴可以卖这么多呢？因为琴不行，钢琴家得站着弹。所有人评论说，这个钢琴家真是不得了，竟然变了一种风格，从来没有见他演奏这么豪放的乐曲，结果创了世界纪录。

这个音乐家原本的高度已经到了阿尔卑斯山的高度，如果他喜欢确定性的话，他这辈子就是阿尔卑斯山。但是这次活动方给他策划了糟糕的演奏会，等于是命运把他随机抛了一下，落的那个地方叫青藏高原。所以在生活当中引入随机性，在每一次随机性发生时拥抱它，然后在拥抱的过程中努力做正向的工作。

我刚开始北漂的时候比较艰苦，也没法左右命运，但是我唯一能够做的是正向积累，就是我什么都不能做的时候，就是读书，多读一些乱七八糟的书，总有一天会发生作用。这是爬山算法，要接受它。

这个跟做樊登读书有什么关系？有人问，你们做樊登读书为什么不能体系化地给别人做教育？比如说，你从入门开始讲一套经济学，管理学讲一套。事实上这个并不是有效的学习方法，这种学习方法导致的是学院式的教育，被称作哈佛苏联模式，误以为我们教会小鸟飞，实际上这个小鸟早就会飞。我们是每周随机抛一些书给你，这周给你抛个育儿的，下周是阎崇年老师的历史书，再下周诗经，再下周管理学、生物学。当随机性在你身边发生时，反倒让很多人被抛到不同的知识领域当中，他的成长会更快。未来教育改革的方向可能会更多地引入随机性，让更多的人参与进来学习。因为你知道牛顿和爱因斯坦这样的人都不是靠学院教育出来的，爱因斯坦我们讲过，几乎是自学，牛顿上剑桥没上几天就回家自己看占星术的书，开始时慢慢地一本一本地看，后来便成了牛顿。

所以一个人自身对于想要追求的东西的渴望，发自内心的那种生命力，想为这个社会做事的精神，才是教育要去解决的问题和方向，而不是按部就班地把这些东西解决掉。

大家都做领导，知道任何考评制度底下人都不满意。英国首相布莱尔曾要求医生说：接到预约电话两天之内必须给患者约上。欧美医疗体系是很差的，他以为老百姓很喜欢，后来竞选时老百姓骂他，我做这么好的事为什么骂我？因为电话根本打不通，我只要有手术就不接电话。美国医疗体系考核一个心脏科的医生，要看你做手术的成功率，你治死率多少，你救活了多少人，这个代表你的医疗水平。这么一个指标出台以后，大量医生遇到该做手术的危重病人说：保守疗法。遇到一个心脏没有什么大事的时候就做一个，只要做了一定赢，这导致了大量问题的

出现。这个指标难道不对吗？前面那个指标难道不对吗？其实那个指标就是衡量一个大夫和一个医院的重要指标。

考评管理智慧的地方在哪里？管理者一定会不断地细化那个 KPI 指标，一定想尽办法让这个指标更加科学，无论多么科学到了下面一定会变形。原因是什么？就是你可以有指标，但是不能让底下人知道这个指标是什么，任何指标只要被底下人知道是什么了，就会引起行为的偏差。因为工作是复杂体系，指标是简单体系，你用一个简单体系的指标衡量复杂体系的工作一定会变形。指标一旦被底下人知道，就会导致偏离。应该怎么考评？考评的方法是给大家大量的指标，但是不知道用哪个考评，就是我让你跟我心知肚明，一个好大夫应该成功率高，患者应该跟你关系好，你有一大堆这样的指标。但是每年考评时从来不让你知道我们用什么考评，今年就用这三个考评了，明年不用了，所以这个时候发现底下唯一能做的就是全方位把事做好，而不像过去那样有什么指标我做什么事。

我们现在有会员 2600 万，每天的增速在十几万。我们跟出版业形成了良好的互动，我们卖一本书会让销量平均涨十倍。中信出版社跟我们合作过一本书叫《认知天性》，他们认为这个书不太好卖，我觉得那个书很好，后来讲完了以后据说卖了 40 多万册，还在继续销售，所以用这个方法的不是我们一家。

希望中国有更能干的人站出来，把知识传播出来，这是知识传播媒介的变化。我们过去只能看纸质书，其实纸质书是一个门槛，这个知识在书里面出不来。在很久以前书籍的形态出现的时候，也有人说用书传播知识是假的，因为思想经过文字翻译到对方的脑子里早就变了。那个时候其实是觉得书传播知识是有问题的，但是我们对书产生了崇拜和文化依赖。以后会不会打开一扇窗户，让书为知识服务。很多人听我们讲

完以后会买这本书，还会买更多其他的书。

我们特别不愿意讲那些所谓的流行的书。读完这本书就能挣一百万，这样的心灵鸡汤没有经过有效的论证，就举了几个例子让你觉得好有道理。人的大脑本身就是简单的，只要看到例子就满足，导致书都不够有深度。所以我们选书的标准是要有科学性，要经过实验的验证，要求有数据和方法，或者经过时间验证的名著。

文学类的书我们没有涉及。当然，我们将来会做很多线下活动去推动文学类书籍的发展。从去年开始我们做樊登书店，我们用了一年开了200多家。我们的定位是：一间樊登书店点亮一个社区，口号是来樊登书店上自习，让更多人有机会在身边就接触到好书。我们书店的进货都不多，就是放精选的书、好书，让大家相信，通过读一本好书可以改变自己的生活，就是这样一点一点在推动全民阅读的实现。

我的想法就是，整个国家是非常复杂的体系，如果希望这个国家好，最有效的方式是提高国民素质。大家能够做的事就是提高国民素质，这个时候国家就会慢慢变得越来越好。

谢谢大家！

新时代：读者的新需求

王斌　（中信出版集团党委书记、董事长）

关于读者。我们所称的读者，一般不是一个概念，而一定是个活生生的人。观察一个人很难，因为每个人不是孤立的，一定跟其生活的环境、阶层相关，不可孤立地看待或者抽样出来。

每个人都生活在一个具体的时代。比如说，马克思说的风车创造了封建制度，织布机创造了工业革命，我们生活在当下这个时代，决定了我们的需求、生活方式、思想观念乃至社会秩序，这是从一个人与群体和社会的现实来看。如果要理解当下的人，就要理解当下人的思想、道德、社会制度以及生活、休闲方式，或者说为满足其基本需求的方式，这是社会因素决定的基础。

今天，我们生活在互联网时代。在这个环境里，从大概念上说发生了两个阶段的转变，从 PC 机开始到互联网产生。PC 机最早解决的是信息以及搜索的问题。在这个大背景下，更多的是对文本的需要，对阅读的需求非常旺盛，人们对信息的渴求是前所未有的，这也确实促生了互

联网的发展。但是到了移动互联网时代，发生了根本改变，今天我们都停留在各种终端上，而终端背后的浏览器本身就是一个搜索系统。百度现在之所以势微了，就是由于现在已经由终端进入到场景，人跟人建立了联系，社交变成了大家生活的需要，人们对信息的需求在下降。比如，抖音之所以发展迅速，就是大家对视频这种快消式的、能够有感性认知的方式更容易接受。当然最主要的是，这是我的生活场景，而不需一定要进入到一个复杂的体系，在里面要通过学习、接触很多资讯，才能提升自己或解决想要解决的问题，这是今天的一个大环境。

在这个背景下，我们再看今天的读者到底是谁，我认为应该是Z世代一代，他们是今天读者的主力军，而不是过去讲的迁徙一代。Z世代以生活在互联网中作为特征，社交成了他们主要的生活方式，而且他们需要被激励，需要在多种方式中找到某种联系。我认为这个跟以往出版业所谈的读者定义相比，已经发生了根本改变。

还有人按照人生年龄分了几个阶段：第一阶段是准备，就是工作之前就要学习，不断积累，不断为将来工作做储备；第二阶段是进步，到了人生中年要提升，无论你的工作还是成绩；第三阶段是成就，未必做出多大事业，对个人来说是成就；最后一个阶段是完成，即开始要修身养性了，要反思自我了。我想大致也可以这么分，但是这些都是在互联网大背景下发生的改变。人生有很多阶段，最高级别的是大家，很难说是艺术家，是作家，是大牛还是大咖等，其实知识分子不在我们讨论的需求里面。

还有一种就是读书人。其实对读书有偏好，把阅读视为生活习惯，通过阅读解决很多问题的都可以叫作读书人。现在最大的改变，就是在互联网时代有很多人叫知识人或者信息人，人就是处理信息的信息体，如何处理信息，如何输出结果，这才是当下人的特征。我只是力图转换

一种视角，这种思考的逻辑就是互联网时代给人带来的根本改变是处理信息的方式，而这种方式又是基于生命体的成长过程。

关于需求。简单地说，需求可以大致分三种：一种是无从观察的需求，比如说需求量，现实世界有一个需求量存在，但却是看不见摸不着的，它跟现实世界没有关系；第二种是可以观察到的，比如说定价；第三种就是原则上可以，但实际上很难明确的一些需求，为了解决这个问题，我们力图通过其他替代来验证，比如说用是否畅销、销量来代表受欢迎程度。除此之外还有一个维度，就是意图、动机和品位，这种需求就无法评测了。所以在经济学里面出现了一个指数叫快乐指数，还有一个经济学名词叫功用，这个东西很难丈量， 要用臆想的概念，而不是事实，跟现实世界没有关系。再有我们所说的友情、声望、天伦之乐、体验等，包括读了一本书特别开心，这些都是无法监测的，其度量尺度只能是感觉上的好与不好，感觉多少可以排序，比如说读书和看电影相比，更享受后者。

由此，可以说读者的需求大部分就是心理的需求。一些摸不到看不见的东西怎么评测，菲舍尔有个观点是看它的边际效应是高还是低。比如说收入低的人喝啤酒，收入高的人喝红酒，而社会心理的定位认为红酒才是高级的，啤酒则是贫穷的。但是这里就会有个积分悖论，当所谓贫穷物的价格下降时需求会增加，通过享用这些低档物品的好处也会增加，但红酒的需求就会下降，这是个悖论。

今天互联网时代图书的尴尬就是：大量的人消费了信息，趋于免费，理论上应该对书的需要更高，但事实却并非如此。总的来看，经济学上功用这个概念对阅读需求还是很准确的，当然有胜于无，多胜于少，当供过于求的时候，大量的内容就免费。有需要就一定有稀缺，我认为当今稀缺的是品质，品质应该重新从免费里成为商品。我一直鼓吹大众出

版还是大有可为的，其实指的就是这点。互联网时代的今天，品质的稀缺正是需求不断生长的方向。

还有一点是对边际产量的约束，真正的好书还是要人写出来的，今天缺少的正是这个。内容的产生是需要有思想的人创造出来，对这种创造最主要的约束还是今天大量作者的创作水准。另外，当无法量化的东西用钱不能替换时，就叫“代价”，这是今天阅读需求的一个点。为什么感觉如今读书量在下降，就是时间太贵了。过去读一本书大概需要三五天，书价才十几块。今天七八十块一本书，要花三天时间去读，这个代价有点儿大，这点反向制约了读者的需求和消费。

所以，说到阅读时的需求定律，根本上就是价格与量的关系。价格低需求量上升，价格高需求量下降，这就是所谓的销量与阅读的关系。成交量其实并不是需求量，很可能是某种意图，通过成交量表现出来对阅读、对图书或者某个主题的意图，但是并不是真正的需求。还有一个度量费，樊登读书就是典型的度量费。樊登成为交易成本的一部分，人们花钱听他说书，他形成了一个度量的标准。樊登阅读推荐图书是随机的，越是随机越有意思，越有惊喜，如果读者已经知道明年、后年樊登要讲什么，大家的预期就没了。与读书会的快速发展相比，出版业却还在按部就班地艰难前行。

关于新时代，那些饱含影响人类文明发展进程的思想、观念的著作，改变了我们对世界自然的认知，给予我们生存的动力、思考的勇气和力量，教我们如何实现自我突破等，这些具有美感、立意、观念、智慧、常识的书籍，都可以归结为好书。但今天阅读的标准已经变了。一般只看三方面：一是获得的途径，应该是轻松的、便利的。二是处理信息或内容的形式，现在的互联网变得直接而且工具化，还需要互动和交流，这里面很少思考。第三就是怎么应用，过去要指导实践，指导人生，现

在更多是功利性的、只为解决问题，因为时间太贵。所以，从这个角度看，以往繁荣的景象已经不在，随着互联网的发展，出版业反而是被抑制了，甚至可以说是衰退。

从严格意义上说，严肃的阅读和严肃的作品还依然存在，但是浅阅读已经成为主流，人们现在的日常几乎完全离不开手机。我们今天面临的挑战就是：在互联网时代，衡量图书好不好的维度改变了。马斯洛需求的五个层面，如今最终大致可以归为两个层面。一个层面就是所有诉诸感觉、感情、知觉和想象的自由活动都是高级的。比如说过去讲的生存，今天一定追求品质；过去我们谈思考，今天更多在追求心灵；过去讲共性，现在叫个性，互联网讲功能，现在叫功用，友情、体验都是功用；过去一直讲面向未来，今天还要回望历史，全球也要进入到本地化。过去关心人跟人之间的关系，要修身养性。想象是高于思考的，思考是高于情感的，情感是高于日常的，而这种精神活动正是阅读里边最重要的内容。另一个层面，其实我们都是知识人、信息人，处理信息已经变成现在人的主要需求，其最大的、客观的、外在的影响就是技术和数据工具，这里面会生发出很多智慧、人工智能，影响着人们的决策、生活、阅读，甚至感情、选择。比如说 IBM 的沃森、微软的 Cortana、苹果的 Siri，都不是简单的游戏，可以应对很多东西。我们如今面对的就是这样一个世界。

我个人非常坚信阅读对人、对精神活动滋养的重要性，就跟生命一样，通过阅读，努力从知识、学问、文字中寻找自由和满足。但是我也坚信，浅阅读是对于阅读新需求的演变，是我们必须面对的未来。好书是创作出来的，和人工智能的处理会形成两大阵营。生存环境的快速变化远超出我们的想象，应该引起大家的重视。

我们所说的新需求到底有哪些呢？

第一，读者年轻化、低龄化。我见过一些高中生，他们阅读的深度

和追究的态度甚至比成年人对学习的需求都旺盛，这应该是个趋势。

第二，现在是终身学习的时代。知识的半衰减期越来越短，知识的更新无时无刻不在。但人们获取知识的体系非常零散，并不系统，这可能为我们提供了一个很好的机会。

第三，人力和新思想成为重要的生产要素。人的创造力和新思想已经成为未来经济发展的主要动力，创意和知识是未来经济发展的唯一动力，这是大趋势。

第四，人工智能时代的存量知识和增量知识。增量知识只存在两个领域，一个是学术研究探索，还有一个是实践。实践产生的大量知识，通过大量的研发不断生发，但是很多存量知识都已经人工智能化了。而书的内容是公共品，它具有外部性，可以分享，获取了才有共识，这个共识是知识价值的根本。

综上所述，可以归纳以下几方面：

第一，真正的好作品还是非常受欢迎的，真正的作家和好的作品依然是供给驱动。

第二，以读者为中心的个性服务成为时代的趋势。当读者成为你的资产，而不是你的售卖对象时，就形成新旧经济的分水岭。

第三，场景，包括消磨时间、自我提升、目的和兴趣等，有进阶的提升，有精神的享受，它替代了过去对需求的划分维度。

第四，分享替代营销。不再是推书、卖书，一定是分享。过去我们找东西是通过搜索，今天则是通过社交，人跟人建立联系，社交又促进了人跟人的联系。

第五，聚类，人是分层、分圈、分不同诉求的。

第六，共读，大家一块儿聊、一块儿念，因为人们的思想是需要交互的。

第七，跟着舆论领袖读书，跟着真正有见识的人读书，这是大家的

诉求，有免费，有付费，这就是权益。

第八，大命题下做出版，一定要做大事、有担当，所有文本都有一个为谁的利益服务的问题。我们不能说今天的出版创新能力弱，但至少畅销的新书少了。任何作品都有崇高和轻松娱乐的目的，我们要找到桥梁和规律。

我以为，就出版来说，版权、定价制度依然有效，高投入内容和低成本复制的模式依然有生命力，出版的核心价值地位和社会基础依然坚实。我们要着力解决的新问题有这样几个：

一是重构与读者的关系，要在数据的洞察里面找出把读者变成资产的办法，使其感觉我们是一家人，是一个闭环，是不同阶段。

二是创意和思想的激励，做出版要有公共精神，体现在业务中就是要鼓励创意和思想，我们做的大量工作都是鼓励更多人投入创作。

三是机器学习，数据驱动。知识和信息处理是下一步非常重要的环节，我们中信出版有一个重要版块叫财经版块，它的出版其实就是信息出版、智库出版，其内在逻辑基本是信息处理的逻辑。还有一种叫在线，我们今天做的事都不是在线的，不营销、不互动，与现今的发展相差两个代际。

最后要把出版变成预测和注册，我们是为思想背书，是要前瞻未来。今天的前瞻基于机器学习和数据驱动，这就要看我们是否能形成新的智识系统，一个具有人工智能、读者交互的新的体系。

特邀嘉宾

王秋　（北京人民广播电台原总编辑、
中广联合会有声阅读委员会会长）

我是北京人民广播电台原总编辑，现任中广联合会有声阅读委员会的会长。有声阅读委员会是一个年轻的委员会，于 2018 年 12 月刚刚成立，我们的首要任务就是要规范行业规则，特别是在有声阅读方面要作出新的拓展，这可能也是契合新时代新的需求的一个命题。刚才樊登先生和王斌先生的演讲站在不同的角度，一位是把好作品通过出版方式进行传播，另一位是通过解读方式推荐给读者，我们是希望把好的作品用声音的形式传递出去。有声阅读委员会前身源自小说联播协会，大家都知道广播电台有一个著名的栏目，很多人都是听着小说联播成长起来的，包括中央台的孙敬修讲的那些故事，他的历史其实是伴随着中国的红色历史成长的。1947 年在华北地区就已经有一些电台开始播放长篇图书节目，到 1949 年天津电台第一个播出的作品叫《吕梁英雄传》。小说联播委员会下面有一百多家电台，而旗下的这些播讲人员既有广播电台的播音员，还有一些话剧演员、配音演员、电影演员，这些都是我们丰厚的

资源。我是做了 40 年广播，我个人对声音的理解：好的声音可以忽略内容，就是听着这个声音就很舒服，变成了一种生活当中的依赖，到早上我就把收音机打开听，这种好的声音有很多，能举出若干例子。但是同样，好的内容可以让你忽略声音，这也有一个事例，我们有一个主持人，他的传奇经历让节目拥有了众多粉丝，我们那时候没有先进的网络，他就是靠在广播电台的娓娓道来拥有了众多的粉丝。他去采访黄河源头时，只有嘀嗒嘀嗒几滴的水流，经过汇集就成为汹涌澎湃的黄河，当时录了几百分钟的声音素材，最后要经过黄河渡口，他当时特别兴奋，不知不觉地下到谷底就录到水流的丰富的声音。我们这个协会要做的是既要有好的作品，同时要有好的声音。刚才二位讲的我都认同，稀缺的是优质的作品和内容，我们其实就是希望能够打造出好的声音，把好的内容进行更广泛的传播。好声音实际上覆盖了人的全生命周期，一个孩子没有诞生时，在妈妈肚子里开始接受胎教，在他不认字时已经开始听爸爸妈妈讲故事了。

现在用眼的地方太多了，大家感受到眼睛越来越酸胀了，其实要解放眼睛，就要听一些有声阅读的产品。你们出版的好作品，我们都愿意把它变成优质的有声阅读产品。通过今天二位的演讲，我们看到了有声阅读发展的新动能，有声阅读的规模已经超过了 4 亿，准确的数字在 2019 年已经突破 4 亿，未来还有很大的增长空间，所以我们希望有声阅读得到大家的支持和关注，让好的声音走进您的生活，让好的声音成为您生活的精神陪伴。

特邀嘉宾

吴尚之 （全国政协委员、中国期刊协会会长）

我听了两位的精彩演讲，对我来说既有启迪也找到了知音，两个人从两端谈到了一个问题，就是阅读时代为读者服务。樊登老师讲了三个关键词六个字很重要，就是爱心、价值和成长，为什么这么讲？我们推荐书、出版书，初心是什么？目的是什么？马克思讲人的本质是社会关系的整合，我认为这是从哲学上讲的，其实人的本质还有一种表述，是经济活动的产物。精神需求是人类的本质之一，有人类就有精神活动，有精神活动就有阅读需求，这是一个永恒的需求。

新时代的读书依然是我们这个时代的主题，怎样做好我们的阅读，在全国范围讲，从 2006 年开始，今年是推广阅读活动的第 13 个年头。我们阅读有四个环节：首先是写好书，其次是出好书，再次是推荐好书，最后是读好书，没有这四个环节，阅读活动还是不能持久和落地。我们国家每年出版 52 万种书，其中有 24 万多种是新出版的。我对阅读是充满感情的，昨天我坐地铁发现有一个人在看书，因为我几次坐地铁观察

没有一个人看书，我要更正一下，我说的是纸质书，有的是在看电子书。我自己散步有一个习惯就是听收音机，听讲书，很多书的内容是在散步时听来的。

我认为阅读还是要抓三个要点：第一，我们推荐书和出版书首先要不忘初心，我们的目的是为了提高国民素质，提高社会文明程度，或者为我们民族复兴服务，这是今天樊登老师讲的。我们现在做这种售书和推荐书的工作不少，但是初心很重要，这个体现了出版人的境界和情怀，因为我们书不少，还有很多公司自己排版的也不少，但是内容如何需要另外考虑。

第二，我们要为读者服务。这里面为读者服务有两个问题，一个是为读者服务好，还有是引导读者，这个很重要，我们期刊界正在关注建设一流学术期刊、一流科技期刊，就谈到期刊的作用是既要为学术服务，也还要引领学术，我们的出版、我们的读书既要服务好读者，更要引领好读者，我觉得引领是很重要的。我遇到一些知识分子和领导者，我说你们读书还要我推荐吗？回答说还真需要推荐，因为书海几百万种，他读书的时间有限。我们现在全体国民上网的时间是每天 4 个小时，读书的时间不到 20 分钟，这就是我们的现实。

第三，读书最本质的问题还要出好书，出有价值的书。内容还是第一位的。无论是樊登老师还是王总，我给你们点赞，无论是推荐什么、出版什么，一定要把好书作为第一位。

特邀嘉宾

赵婀娜　（人民日报社政治文化部周刊编辑室主编）

我来自人民日报社，跑了15年教育，更关注青少年教育的话题。有这样一个故事，是我在很多场合都特别愿意跟大家分享的：在一个贫困山村的教学点，教学点并不是完全小学，它的师资力量撑不起一至六年级的教育学段，只能完成有限的教学功能。在这样一个普通的课堂上，其中大部分孩子都是留守儿童，他们的父母多数都不在自己身边，很多都是在东部沿海地区打工。有一天，两个年轻人就来到了这个课堂上，他们拿出了一个小小的类似于广播一样的东西说：“孩子们，你们喜欢听故事吗？”孩子们说：“我们很喜欢听。”两个年轻人按开了广播，里面传出了一个非常不标准的女人的声音，她在讲故事。这个明显不是特别标准的广播主持人的声音，但孩子们一边听一边安静下来，其中一个小女孩就开始哭了，然后越来越多的孩子陪着她一块儿哭了，为什么？因为这个孩子听出来这是她妈妈的声音，为什么？这是百度的技术力量，由两名技术人员去到远在广州打工的孩子妈妈处采集了一段语料，然后

应用大数据技术，通过计算机录制成故事讲给孩子们听。当时听完这个故事之后我自己很受震动。

在我们国家，留守儿童还是比较沉重的社会话题，需要政府力量，需要社会力量，但我在想，在政府、社会力量没有办法一下子达到特别令人满意的程度时，技术的力量一定能够更多地帮助到这些孩子们，他们没有办法一下子把爸爸妈妈变到孩子们身边，但可以让他们的声音陪伴孩子们。

我觉得目前我们国家在青少年的心灵成长、青少年的阅读还存在比较大的问题，我们经常说青少年的精神发育史就是他的阅读史，他的阅读一定决定着精神发育的走向。我自己平时在一线采访过程中担忧的地方就是：我们的孩子真的是没有时间阅读，我的孩子上初一，他在海淀区黄庄读书，每天作业写到 11 点多，真的没有时间读书。但是我们都知道从孩子成长的身心规律而言，对于小学高年级学段和初中年级学生来说，阅读是他的敏感期，阅读比课堂上的东西更重要，但孩子没有时间阅读。

我们的孩子没有阅读吗？不对，我们的孩子每天都在阅读，他们阅读的是教辅。我们国家每年教辅的出版量是一个非常惊人的数字，但是我每次带着孩子去新华书店的时候都特别痛心，教辅那边人流量是最大的，孩子更多地被教辅绑架，这应该不是我们希望看到的。

有没有办法引导干预一下呢？很多知名学者和教育家在努力，像朱永新老师等都作了阅读书目的引导，其实孩子们是非常渴求有一个很好的书单，所以从这样一个角度能看出来，实际上来自孩子们家庭的需求又是极其旺盛的，这里产生了一个矛盾或者对冲，一方面孩子大量的时间和精力被教辅和繁重的课业绑架；一方面处于这样一个阅读敏感期的当下，家长们又极度需求，可是我们没有特别好的阅读引导以及个性化

定制。还有我观察到的一些不好的地方，比如我采访北大图书馆的馆长，2018 年北京图书馆借阅量再度创下历史新低，仅是 2008 年数字的一半。类似于这种点状的观察，我没有系统的思考。

但是总体来说，如果青少年的精神发育史就是阅读史的话，目前我观察到的现状，就是孩子们的时间被绑架，另外还有旺盛的现实需要。我想发出一个倡议，能够针对青少年的阅读作出一些针对性的建议和指导，这不仅仅是家庭之福、孩子之福，也是社会之福。

特邀嘉宾

程三国　（百道网 CEO、美国《出版研究季刊》编委）

我一直在听樊登读书，听得还挺多的。今天的演讲都特别好，中国知识生产、传播的两个非常重要的支柱，一个是生产，一个是传播，从今天他们讲的内容就知道什么叫传播。他讲完之后你能记住点什么？我记住了复杂性，用简单规则去应对复杂系统，拥抱不确定性，这就是传播，就是把复杂变简单。王斌兄是我的老朋友，我是亲眼看他把一个企业做大，他擅长什么呢？几个简单的词我们天天讲，但他把它变得那么复杂，我们感受到了这个知识的深刻厚度，这两个都很重要。我们听王斌讲的是什么呢？我好多东西整不明白，我跟不上，得拍下来，就像一本书，我看了中信的书忍不住要买，但是买了以后没有时间看，我要看明白花很长时间，所以我就听樊登老师讲，有时候樊登老师讲完以后，如果这个书我没有，我就要去买一本，这是整个中国知识生产、传播基于新媒体形成的一个良性循环。

我本来是带着问题向两位请教的。我去参加法兰克福书展，上一次

是20年前，当时的书展都在讨论数字数码、电子书，未来数字出版要替代纸质出版，20年之后比20年前讨论得还热闹，但仍没有替代。之后我还去了古登堡博物馆，使整个图书进入现代工业化的就是古登堡；我还去了威尼斯，威尼斯是16世纪整个世界的出版中心，当时就有10万种畅销书，我们现在10万本也了不得。我们现在的纸质书，就跟16世纪的书一样，就是五六百年前的产品形态，现在我们讲的核心其实都是这个东西，我们有再多的新媒体、融媒体等技术手段，其实我们最后还要围绕它流转的产业链，我们所有人拥抱的、讨论的是这个东西，所以我特别迷惑。全世界最大的出版集团蓝登书屋到中国来开论坛时，他说100年之后纸书还占70%，我就问他为什么这么确定，居然说现在是纸书出版的最好时代。我就想：凭什么，我们现在获取知识、信息的工具那么先进那么发达，获得性那么强，而纸质书这么重，这么不方便，它到底有什么特别之处？它的独特魅力在哪里？我今天特别想请教，这是阅读的核心，值得我们深思。

欲远集而无所止兮
聊浮游以逍遥